Das große
Buch der

KREATIVITÄTS-TECHNIKEN

Evelyn Boos

compact

Text: Evelyn Boos
Redaktion: Anke Fischer
Produktion: Wolfram Friedrich
Umschlaggestaltung: Inga Koch

ISBN 978-3-8174-5106-7
2010 2011 2012 2013 2014 10 9 8 7 6 5 4

www.compactverlag.de

Inhalt

Vorwort

Kreativität ist der Schlüssel zum Erfolg! Entgegen der immer noch weitverbreiteten Annahme ist Kreativität keine angeborene Fähigkeit. Das Gegenteil ist der Fall: Kreatives Denken kann systematisch erlernt werden.

Die Eigenschaft, kreative Lösungen zu finden, ermöglicht es, sich den täglichen Anforderungen in der Schule, im Studium, im Beruf und auch zu Hause mit Erfolg zu stellen und die Aufgaben zu bewältigen. Mit der richtigen Technik lässt sich die Leistungskurve jedes Einzelnen erheblich steigern.

Lernen Sie die 28 gängigsten und hilfreichsten Methoden kennen und anzuwenden, mit denen Sie Ihr kreatives Potenzial enorm erweitern können.

Nutzen Sie die angebotenen Übungen in diesem Buch, denn nur durch aktives Mitmachen und vor allem Mitdenken können sich die Wirkungsweisen der bewährten Techniken voll entfalten.

1. Phänomen Kreativität

Hören wir das Wort „Kreativität“, denken wir an revolutionäre Ideen und große Erfindungen, an Genies wie Leonardo da Vinci oder Multibegabte wie Karl Lagerfeld. Klar, sie alle waren bzw. sind beeindruckend kreativ. Aber wenn wir in Ehrfurcht vor ihren kreativen Glanzleistungen erstarren, bringt uns das nicht weiter. Nicht jeder wird als Ideen sprühendes Genie geboren, aber jeder von uns birgt enormes kreatives Potenzial in sich. Wichtig ist es, auf die eigene Kreativität zu vertrauen, diese zu trainieren und systematisch zu entwickeln. Der kreative Funke steckt in uns allen, wir müssen uns nur trauen, ihm Raum zu geben, und manchmal müssen wir auch hart arbeiten, um aus dem Fünkchen ein Feuer zu machen.
Wir alle sollen und müssen kreativ sein und sind es auch täglich. Wann immer Sie eine Aufgabe lösen, die nicht zu Ihrer Routine gehört, die für Sie neu ist, setzen Sie Ihre Kreativität ein. Machen Sie sich das täglich bewusst und Sie werden merken, welches Ideenpotenzial in Ihnen steckt. Je kreativer Sie sich fühlen, desto leichter werden Sie Ihren kreativen Ideen trauen und immer wieder neue entwickeln. Denn nicht nur große Künstler, Schriftsteller und Erfinder sind kreativ, sondern auch die berufstätige Mutter, deren Babysitter überraschend ausfällt, der Unternehmer, dessen Hauptlieferant in die Insolvenz geht, und der Gastgeber, dessen Hauptgericht angebrannt ist. Auch das haben wir schließlich gelernt: „Not macht erfinderisch“. Dass die Not dabei nicht zu groß sein darf, werden wir an anderer Stelle des Buches sehen.

1.1 Kreativität – was ist das?

Das lateinische Wort „creatio“ (die Schöpfung), bzw. „creare“ (etwas erzeugen, schöpfen) ist die Wurzel des deutschen Wortes „Kreativität“, und so umschreibt der *Duden* Kreativität auch mit „schöpferischer Kraft“. Diese schöpferische Kraft wurde in der christlichen Welt bis in die Neuzeit hinein als Geschenk Gottes an wenige auserwählte Menschen betrachtet. Dieses Bild der Kreativität hat sich längst gewandelt.
Als einer der Pioniere der modernen Kreativitätsforschung gilt Joy Paul Guilford (1897–1987), der 1949 Präsident der American Psychological Association wurde und sich ab den 1950er-Jahren

nicht nur mit Intelligenz, sondern auch mit Kreativität intensiv beschäftigte. Er arbeitete an der Definition und Messbarmachung der Kreativität. Auch andere einflussreiche Wissenschaftler wie beispielsweise Edward de Bono (geb. 1933; siehe Kapitel 4.1) begannen Ende der 1950er-Jahre, die Kreativität zu erforschen.
In einer Zeit, als die herrschende Meinung war, dass Probleme nur durch streng systematisches, starren Schemata folgendes Nachdenken gelöst werden, kam Guilford zu dem Schluss, dass der Schlüssel zur Ideenfindung das Verlassen bekannter Denkwege ist. Guilford nennt dieses Denken „divergentes Denken" und fordert sprunghaftes, nach allen Seiten offenes, themenübergreifendes Vorgehen.
Auch de Bono plädiert dafür, „querzudenken", neue Perspektiven einzunehmen und scheinbar „undenkbare" Ideen zuzulassen. Er nennt dieses Denken „laterales Denken".

Beide Wissenschaftler kommen zu dem Schluss, dass „der Kreative"

- in alle Richtungen denkt,
- themenübergreifend Ideen sammelt,
- auf vorschnelle (Selbst-)Kritik verzichtet,
- auch Altbewährtes infrage stellt und
- alle – auch scheinbar widersinnige oder unrealisierbare – Ideen zulässt.

Erst seit den frühen Arbeiten de Bonos, Guilfords und anderer Wissenschaftler gilt Kreativität wirklich als definierbar, messbar und damit auch beeinflussbar. Aus den Ansätzen der Kreativitätspioniere und der neueren Forschungen lässt sich Kreativität definieren.

Kreativität

Kreativität ist die menschliche Eigenschaft, neue Problemlösungen für bereits bekannte oder neue Aufgabenstellungen zu erzeugen (produktive Kreativität) und völlig neue originäre Ideen hervorzubringen (expressive Kreativität). Eine neue Problemlösung kann dabei auch dadurch entstehen, dass bereits bestehende Komponenten neu arrangiert oder auf originelle Weise umstrukturiert werden.

Kreativität als Erfolgsfaktor

Gerade in den letzten Jahrzehnten hat Kreativität als Objekt der wissenschaftlichen Forschung – auch im Zusammenhang mit den neuesten Erkenntnissen der Hirn- und Intelligenzforschung – wieder enorm an Bedeutung gewonnen. Unser aller Alltag, die immer komplexeren beruflichen und privaten Herausforderungen und die Schnelligkeit, die inzwischen – auch aufgrund des technologischen Fortschritts – bei all unseren Entscheidungen und Handlungen erforderlich ist, machen die Fähigkeit zur kreativen Problemlösung geradezu überlebensnotwendig. So kommt heute kaum noch eine Stellenanzeige oder eine Bewerbung ohne das Wort „Kreativität" aus. Auch Eltern, Erzieher und Lehrer sind darum bemüht, die Fähigkeiten ihrer Kinder und Schützlinge zur kreativen Problemlösung möglichst früh und umfassend zu fördern. Kreative Menschen sind beliebter, glücklicher, umgänglicher, klüger und somit letztendlich auch erfolgreicher. Man könnte natürlich auch sagen, dass glückliche, umgängliche, kluge Menschen kreativ sind. Sicher beeinflussen sich diese Komponenten gegenseitig. Welche die Grundlage und welche die Folge ist, bleibt eigentlich gleichgültig – erstrebenswert sind sie auf jeden Fall beide. Daher ist es gut, dass Kreativität heute nicht mehr als Geschenk Gottes betrachtet wird, sondern als eine Fähigkeit, die jeder von uns trainieren und ausbauen kann. Genau wie bei anderen Fähigkeiten wird es auch in dieser „Disziplin" durchschnittliche Talente und Hochbegabte geben. Aber letztlich kann jeder in seinem Alltag und im Berufsleben sein kreatives Potenzial steigern und Gewinn und Glück bringend einsetzen.

1.2 Ideenproduzent Gehirn

Bis ins hohe Alter fit im Kopf zu sein, ist genauso erstrebenswert wie körperliche Fitness. Wer fit im Kopf ist, tut sich natürlich auch bei der kreativen Ideenfindung leichter. Die Hirnforschung, die laufend neue und verblüffende Erkenntnisse über das Zentralorgan des menschlichen Wesens hervorbringt, hat wichtige Informationen über den Aufbau des Gehirns und seine Funktionsweise erarbeitet. Diese Informationen ermöglichen es uns auch, unser Gehirn gezielt zu trainieren.

Das Hemisphärenmodell

Der US-amerikanische Neurophysiologe und Nobelpreisträger Roger W. Sperry (1913–94) konnte Ende der 1970er-/Anfang der 1980er-Jahre nachweisen, dass unser Gehirn aus zwei zwar miteinander verbundenen, aber weitestgehend selbstständig arbeitenden Hemisphären besteht.

Die linke Gehirnhälfte
Die linke Gehirnhälfte versinnbildlicht „Ordnung und Struktur". Sie ist für das rationale, systematisch-analytische Denken verantwortlich. In ihr werden also alle mathematischen Probleme, logischen Prozesse und auch der Umgang mit Zahlen und Begriffen verarbeitet. Bei der Arbeit mit diskursiven Kreativitätstechniken (siehe Kapitel 3) ist überwiegend die linke Gehirnhälfte gefordert. Die linke Gehirnhälfte steuert die rechte Körperseite.

Die rechte Gehirnhälfte
Die rechte Gehirnhälfte ist für den Einsatz von Gefühl, Intuition und Fantasie zuständig. Sie denkt sprunghaft, lässt Widersprüche zu und braucht keine kausalen Zusammenhänge, um neue Gedanken zu gewinnen. Die rechte Gehirnhälfte ist außerdem für räumliches Denken, Erkennen von Gesichtern und Bildern sowie musikalisch-künstlerische Tätigkeiten verantwortlich. Die intuitiven Kreativitätstechniken (siehe Kapitel 2) folgen zwar einem genauen Ablaufplan, in der Phase der Ideenfindung ist aber überwiegend die rechte Gehirnhälfte gefordert. Die rechte Gehirnhälfte steuert die linke Körperseite.

Beide Gehirnhälften nutzen
Die beiden Gehirnhälften sind natürlich miteinander verbunden und sie interagieren. Neuere Forschungen zeigen sogar, dass für eine Tätigkeit sowohl Areale in der linken wie auch in der rechten Gehirnhälfte aktiviert werden können. Als grundsätzliche Vorstellung über die Arbeit unseres Gehirns ist das oben dargestellte Hemisphärenmodell aber weiterhin brauchbar. In unserer Gesellschaft dominieren die Tätigkeiten der linken Gehirnhälfte. Dies beginnt bereits in der Grundschule. Kleinkinder hingegen erfassen ihre Welt noch überwiegend „rechtshirnig".

Wenn Sie nicht gerade in einem künstlerischen Beruf tätig oder leidenschaftlicher Hobbymaler bzw. -musiker sind, sollten Sie regelmäßig und bewusst Ihre rechte Gehirnhälfte trainieren. Das hört sich schwerer an, als es ist:

- Singen Sie öfter mal – es muss ja nicht im Konzertsaal sein.
- Töpfern oder malen Sie.
- Spielen Sie mit kleinen Kindern.

Wenn Sie Ihre Kreativität fördern wollen, tun Sie also gut daran, Ihre rechte Gehirnhälfte zu trainieren. Es ist aber auch wichtig, dass die beiden Gehirnhälften zusammenarbeiten und gut vernetzt sind. Dies lässt sich schon mit ganz einfachen Übungen fördern:

- Putzen Sie als Rechtshänder mal mit der linken Hand die Zähne.
- Führen Sie im Stehen oder Sitzen abwechselnd die rechte Hand zum linken Knie und die linke Hand zum rechten Knie.
- Tanzen fördert ebenfalls die Vernetzung der beiden Gehirnhälften – wie alle Sportarten, die ein hohes Maß an Körperkoordination erfordern.

Meister der Kreativität

Während bei den meisten eine der Gehirnhälften dominiert, gibt es auch Menschen, deren Gehirnhälften in etwa gleich gut ausgebildet sind. Wir beneiden sie meist, da sie so viele unterschiedliche Fähigkeiten haben: die herausragende Physikerin, die hervorragend Cello spielt, oder der erfolgreiche Zahnarzt, der die wundervollen Bilder in seiner Praxis selbst gemalt hat. Inzwischen geht man davon aus, dass auch Genies wie Leonardo da Vinci und Goethe Menschen waren, die nicht von einer Gehirnhälfte dominiert wurden. Sie beide brillierten in den unterschiedlichsten Künsten, Wissenschaften und Fertigkeiten.

Ein anderes Phänomen fällt im Zusammenhang mit besonders kreativen Menschen ebenfalls auf: Sie beschränken sich in ihren Glanzleistungen selten auf einen Bereich, auch wenn sie vielleicht in der rechts- oder linkshirnigen Dimension bleiben. Um Sie in Ihrer kreativen Arbeit immer wieder zu ermutigen und zu inspirieren, finden Sie über das ganze Buch verteilt Kurzporträts kreativer Multikönner, aber auch beeindruckend kreativer Menschen, die sich einer Sache ganz verschrieben haben.

1.3 Das macht kreativ

Jeder Mensch ist von Geburt an kreativ. Mit zunehmender Lebenserfahrung können wir immer mehr Aufgaben mit Routine lösen, aber eben nicht alle. Die richtige Mischung aus Routine und Kreativität hat einen großen Einfluss auf unseren Erfolg und unser Glücksgefühl. Müssten wir bei jeder Handlung eine kreative Lösung suchen, würden wir an manchen Tagen schon beim Schuhe schnüren scheitern. Könnten wir aber alles mit Routine lösen und hätten bei allen Aufgaben, Herausforderungen und Problemen ein fertiges Rezept parat, wäre das Leben langweilig und eintönig.

Die 11 Grundlagen der Kreativität

Um immer wieder fit zu sein für kreative Problemlösungen, sollten die folgenden Grundlagen vorhanden sein oder geschaffen werden.

Geistige Beweglichkeit
Man kann es nicht oft genug wiederholen: Die Grundvoraussetzung für alles kreative Denken ist die Bereitschaft, sich auf unbekanntes Denkterrain zu begeben. Nur wer wirklich offen für Neues ist und tief verborgene Vorbehalte gegen neue Ideen aufspürt und beseitigt, kann kreative Ideen entwickeln. Wer offen durch das Leben geht, viel liest, sich für die unterschiedlichsten Bereiche interessiert und sich auch mal an ein ungewohntes Thema heranwagt, trainiert die eigene geistige Beweglichkeit optimal.
Dazu gehört es auch, sich die eigene kindliche Neugier, die Fähigkeit zu staunen und Dinge infrage zu stellen zu bewahren. Als kleine Übung dafür könnten Sie versuchen, jeden Tag etwas zu entdecken, worüber Sie staunen. Die Natur liefert hier viele Anregungen, denken Sie nur an die vielfältige Färbung von Schmetterlingsflügeln oder die Fähigkeit von Geckos, an der Decke zu laufen.

Aktives Problembewusstsein
Nur wenn Sie nicht optimale Situationen, Produkte und Prozesse erkennen und benennen, können Sie etwas zu deren Verbesserung beitragen. Ein gutes Beispiel dafür ist der Erfinder des elektrischen Rasierapparates: Jacob Schick (1878–1937), Sohn bayerischer Einwanderer in den USA, ärgerte sich, weil vor ihm sehr viele Män-

ner auf eine Nassrasur warteten. Er wollte sich nicht selbst nass rasieren, da er sich immer schnitt. Er ging damals – man schrieb das Jahr 1911 – wutentbrannt nach Hause und begann, über einen Elektrorasierer nachzusinnen und zu tüfteln. Etwa 13 Jahre später erhielt er das Patent darauf und konnte den ersten Elektrorasierer 1931 in Kooperation mit der Firma Remington auf den Markt bringen.

Mut

„Dem Mutigen gehört die Welt." Vielleicht, sicher ist aber: Mutige haben mehr kreative Ideen. Denn sie fürchten sich nicht schon im Voraus vor der zu bewältigenden Aufgabe und bleiben auch dann unverzagt, wenn sich nicht gleich nach dem ersten Versuch eine akzeptable Lösung abzeichnet. Nur wer außerdem mutig seine Ideen äußert und verteidigt, trägt dazu bei, dass sich gute Lösungen finden und durchsetzen.

Allgemeinbildung

Auf den ersten Blick ist es verblüffend, dass Allgemeinbildung die Kreativität fördern soll, haben wir doch alle den Primus in unserer Klasse als besonders unkreativ in Erinnerung. Was immer ihn in seiner Kreativität gebremst hat – seine Allgemeinbildung war es sicher nicht. Denn wer viel weiß, kann leichter Parallelen zwischen dem aktuell zu bearbeitenden Problem und anderen Bereichen der Wissenschaft und des Lebens herstellen. Eine umfassende Allgemeinbildung liefert einen Wissenspool, auf den auch unser Unterbewusstsein zugreift und aus dem gute Ideen wie Fontänen sprudeln können. In den Kreativitätstechniken in Kapitel 2, 3 und 4 müssen Sie immer wieder Parallelen ziehen zu anderen Fachgebieten. Dabei werden zum Beispiel auch Bilder aus der Natur herangezogen. Da hilft es natürlich enorm, wenn man vieles weiß und einem auf Anhieb die unterschiedlichsten Analogien durch den Kopf schießen.

Fachwissen

Oft herrscht die Meinung, dass Laien ein Problem oder eine Aufgabenstellung unvoreingenommener und offener betrachten als Fachleute. Dies trifft bis zu einem gewissen Grad auch zu. Aber die Erfahrung hat gezeigt, dass Laien recht konventionell an eine Sache herangehen und relativ oberflächlich bleiben. Fachleute hingegen (wenn sie keine Fachidioten sind, die nur ihr Gebiet kennen) können wesentlich tiefer einsteigen und zum Beispiel leichter beurteilen, wie sich die Komponenten eines Produkts anders, besser oder überraschender zusammenfügen können.

Humor

Lachen wirkt auch in kreativen Prozessen Wunder: Es kann die Stimmung im Team verbessern, es macht locker und offen für neue Ideen. Außerdem haben humorvolle Menschen mehr Freude an unkonventionellen Ideen. Ganz wichtig für die Kreativität ist es auch, dass man sich selbst nicht so ernst nimmt und über sich selbst lachen kann. Denn: Bei vielen Methoden der kreativen Ideenfindung ist es wichtig, dass man sich auch schräge Vorschläge zu äußern traut. Humorlose Menschen denken wesentlich enger und sind weniger offen für überraschende Lösungsvorschläge.

Sicherheit

Wichtig ist, dass die Ideensuche in einer Atmosphäre stattfindet, in der sich alle sicher fühlen. Sicherheit bedeutet auch in diesem Zusammenhang, dass man nicht um seine körperliche Unversehrtheit zu bangen braucht. Es bedeutet im kreativen Prozess aber auch, dass unbrauchbare Vorschläge oder fehlende Ideen keine negativen Konsequenzen nach sich ziehen.

Freiraum

Wer eine kreative Idee für sich entwickeln will oder im Team erarbeiten soll, braucht das Gefühl der grenzenlosen Freiheit. Das heißt, dass Zeit und Mittel in ausreichendem Umfang zur Verfügung gestellt werden sollten. Wichtig ist aber auch, dass die Aufgabenstellung weit gefasst ist und nicht schon die eventuell von der Firmenleitung angestrebte Lösung impliziert. Das Team muss die Freiheit haben, in alle möglichen Richtungen zu denken und zu arbeiten. Auch sollte es sich bei Stockungen oder wenn festgestellt wird, dass wichtige Informationen erst recherchiert werden müssen, vertagen dürfen.

Körperliche und geistige Fitness

Körperliche und geistige Fitness sind Grundvoraussetzungen für Kreativität. Bei sportlicher Betätigung wird das Gehirn mit Sauerstoff versorgt und Verspannungen und Ängste werden abgebaut.

Es gibt darüber hinaus Sportarten, die dafür sorgen, dass sich die rechte und linke Gehirnhälfte besser vernetzen. Dies sind vor allem Übungen, die die Koordination und Geschicklichkeit fördern. So gilt beispielsweise Jonglieren als optimales Training, auch Übungen mit Qi-Gong-Kugeln sind hilfreich. Daneben fördern auch Yoga und Pilates gleichermaßen die geistige wie körperliche Beweglichkeit. Eine neuere Entwicklung ist Tai Chi Bailong Ball, eine Kombination aus Tai Chi und Ballsport. Dabei führt der Übende Tai-Chi-ähnliche Bewegungen aus und spielt gleichzeitig mit einem Schläger und einem sandgefüllten Ball.

Die geistige Fitness lässt sich genauso trainieren wie die Muskulatur. Halten Sie Ihre grauen Zellen auch in Ruhephasen auf Trab. Man liest immer wieder, dass schon ein zweiwöchiger Strandurlaub, bei dem nur gefaulenzt wird, einige Punkte des IQ kostet. Es gibt sehr viele Gehirnjogging-Aufgaben oder Rätsel, die geistig beweglich halten. Auch der neue Trend Sudoku ist Gehirntraining pur.

Eine ausgewogene, also fettarme, vitamin- und ballaststoffreiche Ernährung schließlich hält Körper und Geist in Schuss. Achten Sie außerdem auf eine ausreichende Mineralienzufuhr; beispielsweise verbraucht unser Körper bei geistiger und körperlicher Anstrengung besonders viel Magnesium. Wenn Sie dann noch Ihren Körper und Ihr Gehirn mit ausreichend Wasser versorgen, steht der kreativen Glanzleistung nichts mehr im Wege.

Lebenserfahrung

Es ist ein weitverbreitetes Vorurteil, dass junge Menschen kreativer seien als Ältere. Vielleicht kommen am Anfang einer Kreativsitzung unkonventionelle Ideen von jüngeren Teilnehmern, die vielleicht auch schneller denken und sprunghafter sind. Der Pool der Lebenserfahrung kompensiert dies aber, da er genau wie das Reservoir an Allgemeinbildung dazu verhilft, dass mehr Parallelen gefunden werden können und dass das Unterbewusstsein Verknüpfungen zu ähnlichen Problemstellungen heranziehen kann. Mit zunehmender Lebenserfahrung schwindet außerdem der Respekt vor scheinbar unlösbaren Problemstellungen. Wer schon oft Probleme kreativ gelöst hat, fürchtet sich weniger vor der Herausforderung. Die Erfahrung zeigt außerdem, dass junge Leute zwar mehr Ideen produzieren, oft jedoch von den älteren Teilnehmern die brauchbareren Vorschläge kommen.

Selbstvertrauen
Vertrauen Sie sich selbst und wissen Sie um Ihre Fähigkeiten? Wunderbar, dann werden Sie auch an sich glauben, wenn Sie eine neue Aufgabe bewältigen, einen bestehenden Zustand verbessern oder ein Problem lösen sollen. Wer sich etwas zutraut, wird gelöster und entspannter und kann dadurch auch mehr. Also: Wenn Sie Ihren kreativen Fähigkeiten vertrauen, werden diese sich ganz von selbst einstellen. Sollten Ihnen einmal Selbstzweifel kommen, dann halten Sie sich die bereits gemeisterten Herausforderungen vor Augen und Sie werden sehen: Sie waren schon sehr oft in Ihrem Leben kreativ. Warum sollte es diesmal nicht klappen?

1.4 Kreativitätskiller erkennen und ausschalten

Gute Ideen, Geistesblitze und kreative Gedanken stellen sich nicht immer auf Anhieb ein. Wir kennen das alle, zum Beispiel wenn uns die perfekte Antwort auf die schnippische Bemerkung der Nachbarin erst am nächsten Tag einfällt. Das ist völlig normal und nicht beunruhigend. Sie haben in der Situation ja auch nur eine Sekunde Zeit gehabt und keine Kreativitätstechnik aus dem Repertoire der folgenden Kapitel einsetzen können. Manchmal passiert es jedoch auch bei längerem Nachdenken und Hoffen auf Ideen, dass in unserem Kopf Windstille herrscht. Dies kann viele Gründe haben, die meisten davon kann man erfreulicherweise beseitigen oder zumindest abmildern. Die im Folgenden dargestellten Faktoren, die die Kreativität beeinträchtigen, können bei Einzelpersonen und in Teams auftreten.

Die 8 Kreativitätskiller

Schlafmangel
Wer übernächtigt und sehr müde zu einer Kreativitätssitzung erscheint, wird sich schwer tun. Die Denkleistung ist geringer als sonst und das Gehirn weigert sich schlichtweg, die gewohnte Denkautobahn zu verlassen. Dass nach einer langen Feier am folgenden Tag am besten Routineaufgaben erledigt werden, kennt jeder aus eigener Erfahrung. Aber noch eine weitere Funktion des Schlafes hat Auswirkungen auf unsere Kreativität. Sicher passiert es auch Ihnen manchmal, dass Sie nachts plötzlich aufwachen,

und die Lösung des Problems, das Sie tagsüber beschäftigt hat, ist Ihnen schlagartig klar. Dies liegt daran, dass sich unser Gehirn auch im Schlaf weiter mit den Geschehnissen und Problemen des Tages beschäftigt. Nicht von ungefähr sagen wir deshalb ja auch „Da muss ich erst noch drüber schlafen“. Geben Sie Ihrem Gehirn eine Chance, kreative Lösungen für Sie über Nacht zu finden, und schlafen Sie ausreichend.

Angst

Auch wenn Not erfinderisch macht, eine gewisse Handlungserfordernis also unserer Ideenfindung auf die Sprünge hilft, darf diese Not nicht zu groß werden. Denn Angst ist kein guter Begleiter in einer Kreativitätssitzung. Wenn die Teilnehmer einer Kreativitätssitzung zu Beginn erfahren, dass heute auch analysiert werden soll, wer die meisten und besten Ideen hat, da nicht alle eine Zukunft in der Firma haben werden, dann ist die Kreativität auf dem Nullpunkt. Daher sollte zu Beginn einer kreativen Teamsitzung klargestellt werden, dass diese Arbeit nicht in die Beurteilung einfließt und mit Diskretion behandelt wird. Auch die Teammitglieder untereinander sollten sich darauf verständigen, dass Details aus der Sitzung nicht weitererzählt werden. Denn auch die Furcht, dass morgen in der Kantine alle lachen werden, weil man die Idee hatte, die produzierten Fußbälle mit Propellern auszustatten, kann die kreativen Leistungen stark beeinträchtigen.

Denkverbote

Nachdem wir das Glück haben, in einer Demokratie zu leben, sollte man meinen, dass es keine Denkverbote gibt und die Gedanken wirklich frei sind. Betrachtet man äußere Einflüsse, ist das natürlich auch richtig. Aber es gibt viele intrinsische, in der Person des Denkenden liegende Denkverbote. Diese können in Moralvorstellungen begründet sein. Aber auch unsere Religion und unsere Erziehung liefern effiziente Zensoren für unseren Ideenfluss. Außerdem gibt es noch die bekannte „Schere im Kopf“, die uns Ideen und Lösungen schon zum Zeitpunkt des Entstehens verwerfen lässt, weil wir an die Konsequenzen denken oder wissen, dass genau diese Idee unseren Kollegen, Vorgesetzten oder Familienmitgliedern nicht gefallen wird. Machen Sie sich so weit wie möglich frei von diesen Denkverboten, indem Sie sie sich bewusst machen, dann mental in eine Truhe packen und diese nach Übersee verschiffen. Im Abschnitt 1.6 finden Sie weitere Techniken, wie Sie sich und Ihr Team mental auf eine Kreativitätssitzung vorbereiten können.

Zeitdruck

Gerät man zu sehr unter Zeitdruck, baut sich ein lähmendes Stressgefühl auf. Der Körper reagiert wie auf eine körperliche Bedrohung und nicht wie auf eine willkommene Herausforderung. Es ist ganz wichtig, dass Sie sich und gegebenenfalls Ihrem Kreativitätsteam Zeit lassen. Wer eine Sitzung mit den Worten eröffnet: „In 90 Minuten muss das Problem unter allen Umständen gelöst sein.", muss wie bei einem Fußballspiel das Ergebnis nach exakt 90 Minuten hinnehmen. Wenn man jedoch einen angemessenen Zeitrahmen vorgibt, kann man wesentlich bessere Ergebnisse erzielen. Das heißt natürlich nicht, dass Sie und Ihre Mitstreiter Tage in solchen Sitzungen verbringen sollen. Vernünftig wäre es aber, beispielsweise einen halben Tag zur Lösung eines komplexen Problems zur Verfügung zu stellen und das Team wissen zu lassen, dass eine zweite Veranstaltung durchaus denkbar wäre. So nehmen Sie den Stress raus und haben wahrscheinlich schon bei der ersten Veranstaltung gute Ergebnisse erzielt. Es gibt auch Kreativitätstechniken, deren Zeitbedarf sich zumindest über einige Phasen hinweg gut planen lässt, zum Beispiel die Methode 6-3-5 (siehe Kapitel 2.5).

Perfektionismus

Auch bei der Kreativität sollte man immer an den Pareto-Effekt denken. Der italienische Ökonom Vilfredo Pareto (1848–1923) fand heraus, dass sich bei vielen Arbeiten ein 80-prozentiges Ergebnis mit 20 Prozent des Aufwands erreichen lässt, der eine 100-prozentige Ergebniserreichung erzielen würde. Die „letzten" 20 Prozent benötigen also einen überproportional hohen Aufwand.
Ähnlich verhält es sich bei der kreativen Ideenfindung und Problemlösung. Verabschieden Sie sich daher von Ihrem Perfektionismus. Natürlich sollten Sie eine optimale Lösung anstreben, vielleicht sind Ihnen auch erst 90 Prozent genug. Aber erwarten Sie weder von sich noch von Ihrem Kreativteam, dass bei jeder Arbeit ein Geniestreich gelingt. Wahrscheinlich gibt es die eine und einzige

„optimalste“ Lösung so wenig wie es das Wort „optimalst“ gibt. Es wird mehrere unterschiedliche sehr gute und gute Lösungen für das aktuell zu bearbeitende Problem geben. Begnügen Sie sich mit einer dieser Lösungen und akzeptieren Sie eine einmal beschlossene Lösung ohne weiteres Nachtarocken und Nachgrübeln. Nur bei wirklich sehr ernsthaften Zweifeln sollten Sie die Sache nochmals aufrollen.

Aggressivität
Ärger und Zorn sind schlechte Begleiter in einer Kreativsitzung. In Teams kann sehr schnell eine schlechte Stimmung aufkommen, weil beispielsweise Konflikte aus dem Arbeits- oder Familienalltag schwelen und die Kreativsitzung ein willkommener Nebenkriegsschauplatz ist. Der Moderator oder ein besonnenes Teammitglied muss dann sehr schnell eingreifen und zum Beispiel die betroffenen Parteien während einer Kaffeepause zur Seite nehmen. Niemals sollte aber das ganze Team durch eine offene Diskussion im Plenum mit dem Konflikt belastet werden. Es kann auch hilfreich sein, die Sitzung durch eine Entspannungsübung oder ein Rollenspiel (siehe Kapitel 1.6) aufzulockern, damit jeder sein Mütchen wieder kühlen kann. Aber auch Einzelpersonen können in ihrer Kreativarbeit durch Aggressivität behindert werden. Wenn die einzige Motivation dieser Arbeit das Ziel ist, dem Widersacher eins auszuwischen oder ihn lächerlich zu machen, kann kein wirklicher kreativer Prozess zustande kommen. Gehen Sie in solchen Fällen erst mal eine Runde um den Block und atmen Sie Ihren Ärger ab, bevor Sie sich an die kreative Problemlösung machen.

Falsche Technik
Ein leicht auszuschaltender Kreativitätskiller ist die falsche Kreativitätstechnik. Wird die falsche Technik angewandt, kann die Arbeit sehr mühsam, wenn nicht gar erfolglos werden. Daher sollten Sie genau überlegen, welche Technik Sie anwenden wollen, welche zum Problem, aber auch zu Ihnen und Ihrem Team passt. In den Kapiteln 2, 3 und 4 finden Sie mehr als 25 verschiedene Kreativitätstechniken erklärt. Machen Sie sich auch anhand der Übungen mit diesen Techniken vertraut und Sie werden für jede Aufgabenstellung eine wirksame Kreativitätstechnik für die Problemlösung zur Hand haben.

Mangelnde Umsetzung
Die tollste Ideenliste und die patentesten Lösungsvorschläge nützen nichts, wenn sie nicht umgesetzt werden. Wenn der kreative Prozess abgeschlossen ist und die Lösungsalternative beschlossene Sache, dann sollten Sie auch handeln. In allen Unternehmen und Behörden, aber auch in vielen Privathaushalten schlummern die Protokolle exzellenter Kreativitätssitzungen in Schubladen und Kästen. Man kommt in den Alltag zurück und plötzlich kann sich keiner mehr um das Projekt kümmern und die Routineaufgaben überlagern alle anderen Vorhaben. Damit haben Sie die Kreativität sozusagen im Nachhinein gekillt. Aber auch jede weitere Kreativarbeit wird dann unter einem schlechten Vorzeichen stehen, denn Ihre Teammitglieder werden sich daran erinnern, dass beim letzten Mal nichts umgesetzt wurde. Warum sollten sie sich also dieses Mal wieder so anstrengen? Daher: Die Umsetzung ist das A und O jeder Kreativarbeit.

1.5 Kreative Prozesse optimal gestalten

Jeder sinnvoll gestaltete kreative Prozess läuft unabhängig von der gewählten Technik in den folgenden Phasen ab:

- latente Unzufriedenheit
- Problembenennung
- Vereinbarung einer Kreativitätssitzung
- Ideenfindung
- Ideenbewertung
- Lösungsdefinition
- Umsetzung

Die 7 Phasen des kreativen Prozesses

Latente Unzufriedenheit
Jeder kreative Prozess hat seinen Startpunkt in einer latenten Unzufriedenheit: Irgendetwas stimmt nicht – aber was? Zunächst ist es nur so ein Gefühl; das kann ein individuelles, ein Familien-, Abteilungs- oder Unternehmensgefühl sein. Die ersten Anzeichen sind vielfältig: Eine gewisse Nervosität macht sich breit, Konflikte mehren sich, die Zahl der Reklamationen steigt, der Auftragseingang geht zurück, der wichtigste Konkurrent kündigt ein neues Produkt an usw.

Problembenennung
Irgendwann spricht es jemand aus: „So geht's nicht weiter." Ab hier ist der Prozess steuer- und beeinflussbar. Dieser – oder ein ähnlicher – Satz sollte immer als kleines Warnsignal gelten. Egal, ob in der Familie, im Beruf oder im Verein, wo immer Menschen zusammenleben und -arbeiten. Jetzt ist es an der Zeit, das Problem zu beheben.

Vereinbarung einer Kreativitätssitzung
Wird klar, dass sich das Problem nicht spontan lösen lässt oder sich in einem überschaubaren Zeitraum von selbst verflüchtigt, gilt es, mit den Beteiligten einen Termin für eine Kreativitätssitzung zu vereinbaren. Auch wenn hier von einer „Sitzung" die Rede ist, sollten Sie sich bewusst machen, dass dies auch ein Termin nur von Ihnen mit sich selbst sein kann. Vereinbaren Sie auch mit sich einen festen Zeitpunkt, an dem Sie an der Problemlösung bzw. Situationsverbesserung arbeiten wollen.

Ideenfindung
Jetzt findet die Kreativsitzung statt und mithilfe einer vorher ausgewählten Technik (siehe Kapitel 2, 3 und 4) werden Ideen gesucht, gefunden und gesammelt. Erfahrungsgemäß kommt es bei dieser Ideenfindung immer wieder auch zu kleinen Tiefpunkten. Der Ideenstrom versiegt, die neuen Vorschläge sind nur noch Varianten der bereits gesammelten Ideen. Geben Sie dann noch nicht auf. Gönnen Sie sich bzw. dem Team eine Pause, in der Sie einen kleinen Imbiss zu sich nehmen, etwas trinken, spazieren gehen oder eine Entspannungsübung machen. Sie werden sehen, danach sprudeln die Ideen wieder.

Ideenbewertung
Nicht alle gesammelten Ideen werden wirklich brauchbar sein. Machen Sie sich daher in diesem Schritt daran, die Ideen zu sichten und zu sortieren. Aber achten Sie darauf, dass auf den ersten Blick unbrauchbare Ideen vielleicht in einer bestimmten Kombination oder Weiterentwicklung doch brauchbar werden. Gehen Sie daher bei der Ideenbewertung immer stufenweise vor. Ideal wäre es, wenn die Ideenbewertung zeitlich etwas getrennt stattfinden kann. Dann hatte zum einen Ihr Unterbewusstsein die Gelegenheit, sich

auch noch einmal mit der Problemstellung zu beschäftigen, und zum anderen sind bis zu diesem Termin eventuelle Dissonanzen im Prozess der Ideenfindung verklungen. Die Zeitspanne darf allerdings nicht so groß sein, dass man sich wieder komplett neu in die Materie eindenken muss.

Lösungsdefinition
Nun müssen Sie sich für eine Lösung entscheiden. Haben Sie die Ideen sorgfältig ausgewertet, wird die favorisierte Lösung leicht zu finden sein. Bei einem größeren Kreativteam kann es aber durchaus sein, dass sehr unterschiedliche Lösungen favorisiert werden. Dann sollten Sie in einer Diskussionsrunde festlegen, welche zwei oder drei Lösungsalternativen der Unternehmensleitung oder der nächsthöheren Instanz zur Entscheidung vorgelegt werden. Sind Sie in der Situation, keine Entscheidungsinstanz zu haben, da Sie beispielsweise in der Familie oder im Freundeskreis kreativ gearbeitet haben, müssten Sie sich vertagen. Wenn jeder die unterschiedlichen Lösungsmöglichkeiten nochmals bewusst und unbewusst verarbeitet hat, wird sich bei der nächsten Zusammenkunft schon eine Einigung erzielen lassen.

Umsetzung
Jetzt kommt der entscheidende Schritt des Prozesses: die Umsetzung. Nur wenn es gelingt, die favorisierte Lösung auch umzusetzen, war Ihre Kreativsitzung erfolgreich. Um die Realisierung nicht dem Zufall zu überlassen, sollten Sie genau festlegen, wer sich bis zu welchem Termin um welches Detail der Lösungsumsetzung kümmert.

Die passende Umgebung

Auch wenn Routine uns durch den Alltag hilft, für eine Kreativarbeit sollten Sie so viele Routinefaktoren wie möglich ausschalten. Dies gilt ganz besonders für die Umgebung, in der die Kreativsitzung stattfinden soll. Wählen Sie dafür eine anregende, für Arbeitsprozesse ungewohnte, aber nicht zu ablenkende Umgebung. Im Firmenkonferenzraum, in dem die Wochenbesprechungen stattfinden, wird keiner mehr zur kreativen Höchstform auflaufen. Im Stadtpark, auf einem Schiff, in einer Berghütte oder in einem Kochsalon wird dies ganz anders aussehen. Man begegnet sich anders, ist anders gekleidet als am Arbeitsplatz und erhält Anregungen aus der Umgebung. Vergessen Sie aber bei aller Lockerheit nicht den wichtigen Anlass der Veranstaltung und sorgen Sie dafür, dass alle benötigten Arbeitsmaterialien mit dabei sind!

Sollten Sie sich im privaten Bereich zur kreativen Problemlösung versammeln, gilt dies natürlich genauso. Vielleicht verleiht dann ein klassischer Konferenzraum in einer edlen Business-Umgebung der Kreativarbeit einen angemessenen Rahmen, weil man sich so ja bisher nicht kannte.

Zusammenstellung des Kreativteams

Handelt es sich um ein familiäres Problem, eine private Situationsarbeit oder eine Kreativarbeit im Sportverein, werden die Teilnehmer von vornherein klar sein. In einem größeren Unternehmen jedoch besteht schon eine gewisse Auswahlmöglichkeit. Die Checkliste „Kreativteams zusammenstellen“ liefert Ihnen die wichtigsten Fragen, die Sie sich vor dem Versand der Einladungen stellen sollten.

Checkliste: Kreativteams zusammenstellen

- Sind die Teilnehmer aus unterschiedlichen Bereichen des Unternehmens?
- Gehören die Teilnehmer unterschiedlichen Altersgruppen an?
- Sind die Teilnehmer unterschiedlich lange in unserem Unternehmen beschäftigt?
- Haben wir Fachleute dabei?
- Sind die meisten der ausgewählten Teilnehmer ausgeglichen und humorvoll?
- Verfügen zumindest einige der Teilnehmer über eine umfangreiche Allgemeinbildung?
- Sind die Teilnehmer fähig, ihr Abteilungs- und Hierarchiedenken für diese Sitzung beiseite zu schieben?
- Sind die meisten der Teilnehmer mit den Grundregeln erfolgreicher Gruppenarbeit vertraut?

→

- Haben die Teilnehmer eine gemeinsame Sprache, in der sich alle untereinander ohne Barrieren verständigen können?
- Besitzt einer der Teilnehmer eine Moderationsausbildung?

Je öfter Sie diese Fragen mit „Ja" beantworten können, desto reibungsloser und effektiver wird Ihre Kreativitätssitzung verlaufen.

1.6 Vorbereitung zur Ideenfindung

Am Beginn einer Kreativsitzung ist es wichtig, alle Teilnehmer richtig einzustimmen, die nötige Konzentration und gleichzeitig Lockerheit zu erzeugen. Denn nicht jeder kommt gelassen, neugierig und hochkonzentriert an. Wichtig ist nun, dass alle ihre mitgebrachten Stressfaktoren möglichst weit wegschieben oder gar für die Dauer der Kreativarbeit vergessen können. Dies gilt wiederum auch, wenn Sie sich alleine zu einer kreativen Ideenfindung zurückgezogen haben. Die nachfolgend beschriebenen Vorbereitungsübungen und -techniken können Sie zum Teil auch als Einzelperson durchführen.

Vertrauen und Sicherheit schaffen

Wenn es sich um eine Teamsitzung handelt, sollten sich die Teilnehmer zu Beginn miteinander bekannt machen, soweit erforderlich. Ein Moderator oder derjenige Teilnehmer, der immer wieder als Moderator fungieren soll, wird nun die grundlegenden Regeln für die Sitzung erklären. Dabei wird noch nicht die gewählte Kreativitätstechnik erläutert, sondern die Grundlagen der Zusammenarbeit werden erklärt. Eckpunkte dieser kurzen Erläuterung können sein:

- **Offenheit**: Fordern Sie Ihre Mitstreiter auf: „Seien Sie offen für die heute durchgeführte Arbeit, auch wenn dies Ihre erste systematische Kreativitätsarbeit ist. Seien Sie auch offen für neue Ideen und äußern Sie Ihre Vorschläge freimütig und ohne Vorbehalte."
- **Diskretion**: Versichern Sie dem Team: „Wir werden die Ergebnisse der heutigen Kreativarbeit gerne und stolz präsentieren. Details aus dieser Sitzung, besonders wenn einzelne Teammitglieder scheinbar oder bei falscher Interpretation Anlass zum Spott oder zur Kritik geben sollten, werden nicht weiter-

erzählt. Wir wollen heute streckenweise auch frei vor uns hin ‚spinnen'."

- **Äußerer Rahmen:** Geben Sie an dieser Stelle die Uhrzeiten der geplanten Pausen bekannt, machen Sie aber auch klar, dass bei Bedarf der Zeitplan geändert werden kann. Benennen Sie den vorgesehenen Zeitrahmen für die Sitzung nicht ohne Hinweis darauf, dass auch ein weiterer Termin zur Kreativarbeit angesetzt werden kann.
- **Kein Wettbewerb:** In dieser Kreativsitzung geht es nicht darum, dass ein Teilnehmer mehr Ideen hat als der andere oder ein Teammitglied brauchbarere Vorschläge macht als das andere. Es geht darum, das Problem gemeinsam zu lösen – ohne gegenseitigen Konkurrenzkampf. Versichern Sie den Teammitgliedern, dass diese Kreativarbeit keinen Einfluss auf ihre Beurteilung hat und sich weder positiv noch negativ in der Personalakte wiederfinden wird.

Diese kurze Erläuterung sollte keinesfalls länger als fünf Minuten dauern.

Entspannung

Nun sollten alle Mitglieder aufgefordert werden, sich mit geschlossenen Augen kurz zu entspannen. Autogenes Training wäre an dieser Stelle ideal. Da aber vielleicht nicht alle Mitglieder diese Technik beherrschen, sollte eine CD mit Entspannungsmusik eingelegt werden und die Mitglieder zum ruhigen und gleichmäßigen Atmen aufgefordert werden. Lassen Sie dies etwa fünf Minuten dauern und sagen Sie dann: „Alle meine Sorgen und Stressfaktoren sperre ich nun in einen Schrank. Ich hole sie wieder heraus, wenn ich Zeit dafür habe."
Wenn Sie die Kreativarbeit alleine durchführen, können Sie Autogenes Training oder eine andere Entspannungsübung machen, die Ihnen gut tut. Oder Sie gehen ganz genauso wie oben beschrieben vor.

Lockerungsübungen für das Gehirn

Es gibt einige Spiele, die das Gehirn auf eine Kreativarbeit einstellen, ohne es zu sehr anzustrengen.

Die Geschichte mit dem Ball

Die Stühle werden dazu am besten im Kreis aufgestellt. Ein Teammitglied bekommt einen Ball und beginnt aus der Fantasie heraus irgendeine Geschichte zu erzählen. Plötzlich, mitten im Satz, wirft es den Ball einem beliebigen Teammitglied zu, das die Geschichte ohne zu Stocken weitererzählen muss. Auch dieses Teammitglied wirft den Ball nach einigen Sätzen unverhofft einem anderen zu. Wichtig ist dabei, dass der Ball nicht reihum geworfen wird, sondern der Weitererzähler überrascht wird.

Diese Geschichte sollte natürlich nicht im Zusammenhang mit dem zu bearbeitenden Problem stehen. Daher ist es oft hilfreich, wenn man einen Einstiegssatz vorgibt, z. B. „Kurz vor Madagaskar war nicht nur unser Wasser sondern auch unser Treibstoff zu Ende ..." oder „Das sizilianische Mädchen hatte ihre Großmutter noch nie so aufgeregt gesehen wie an dem Tag, an dem ...". Obwohl erfahrungsgemäß das Team großen Spaß bei dieser Übung haben wird, sollten Sie je nach Teamgröße nicht mehr als 15 Minuten mit der Geschichte zubringen.

Wortkettenspiel

Eine etwas einfachere Übung, damit alle locker werden und sich auch nicht mehr mit ihren Alltagsproblemen beschäftigen, ist das Bilden von Wortketten. Ein Thema wird vorgegeben und ein Teilnehmer sagt ein Wort zu diesem Thema, sein Sitznachbar muss nun ein Wort zu diesem Thema finden, das mit dem Buchstaben beginnt, mit dem das zuvor genannte Wort endet. Das Thema könnte zum Beispiel „Afrika" sein: Löwe – Elefant – Timbuktu – Uganda – Algerien – Namibia – Apartheid – Dürre – Eritrea – Antilope – etc.

Diese Übung können Sie auch sehr gut alleine durchführen. Wählen Sie beispielsweise eines dieser Themen: Australien, Himmel, Meer.

Rollenspiel

Beim Rollenspiel mimen die Teilnehmer – ähnlich wie bei einem Theaterstück – fiktive Personen. Vorgegeben wird dabei lediglich die Situation, in der sich die fiktiven Personen befinden, und die Rolle, die jeder übernehmen soll. Thema könnte zum Beispiel ein landesweites Alkoholverbot sein. Ein Teilnehmer

bekommt den Auftrag: „Setzen Sie im Gespräch mit der Gesundheitsministerin, dem Wirtschaftsminister und dem Inhaber der größten Abfüllanlage des Landes ein landesweites Alkoholverbot durch." Die anderen Teilnehmer übernehmen die anderen drei genannten Rollen. Weitere Anleitungen oder gar ein Drehbuch gibt es nicht. Das Rollenspiel wird von Unternehmen häufig im Rahmen von Assessment-Centern und Fortbildungsveranstaltungen eingesetzt. Dabei werden zum Beispiel rhetorische Fähigkeiten, Durchsetzungsvermögen, taktisches Geschick und Einfühlungsvermögen der Teilnehmer getestet oder geschult.
Das Rollenspiel eignet sich jedoch auch hervorragend als vorbereitende Kreativtechnik. Das Thema wird je nach Problemstellung ausgewählt. Geht es zum Beispiel um eine neue Werbekampagne, könnten die Teilnehmer aufgeteilt werden in diejenigen, die für das Produkt schwärmen und in diejenigen, die das Produkt für gesundheitsschädlich halten. Das Rollenspielteam (es sollten nie mehr als maximal vier Mitspieler sein) mimt dann eine Stammtischrunde. Ist die Kreativarbeit angesetzt, weil die Zusammenarbeit zwischen einzelnen Abteilungen schneller und harmonischer werden soll, könnten die Darsteller die jetzige Zusammenarbeit mimen. Da jeder im Rollenspiel zur Übertreibung neigt, wird so der Konflikt komisch überhöht und jedem bewusst.

Wichtig: Auf keinen Fall sollten die Spieler die Rollen einnehmen, die sie in der Realität haben! Und: Als Rollenspielthema sollte nie eine Situation gewählt werden, die in dem Szenario spielt, in dem das zu bearbeitende Problem schon gelöst ist. Das würde die Möglichkeiten der anschließenden Kreativsitzung drastisch einschränken!

1.7 Kreativitätstechniken im Überblick

Man unterscheidet drei Arten von Kreativitätstechniken: die intuitiven (siehe Kapitel 2), die diskursiven (siehe Kapitel 3) und die Kombimethoden, die sowohl diskursive als auch intuitive Elemente enthalten (siehe Kapitel 4). Die nachfolgende Tabelle gibt einen ersten Überblick über die im Buch behandelten Verfahren und ihre Einsatzgebiete.

Kreativitätstechnik	Verfahren	Geeignet für	Teilnehmerzahl	Kapitel
Anonymes Brainstorming	intuitiv	siehe Brainstorming	4 – 8	2.12
Bionik	intuitiv	Produktneuentwicklungen	1 – 15	2.12
Bisoziation	intuitiv	Unkonventionelle Lösungsansätze konkreter Probleme; technisch-kreative Aufgabenstellungen	8 – 20	2.10
Brain-storming	intuitiv	Einstieg in ein Problemfeld; Ideenfindung in der Werbung; Produktentwicklung; als Zwischenschritt bei festgefahrenen Kreativsitzungen	5 – 12	2.1
Brainwriting-Pool	intuitiv	spontane Stoffsammlung wenig strukturierter Themen; Kreativleistungen in Werbung und Journalismus	4 – 8	2.4
Clustering	intuitiv	Ideenfindung im sprachlichen Bereich	1 oder 3 – 5	2.3
Denkhüte nach de Bono	Kombimethode	Bearbeitung komplexer Probleme; Bewertung und Optimierung von bereits erarbeiteten Lösungsideen aus unterschiedlichen Perspektiven	6	4.1
Destruktiv-konstruktives Brainstorming	intuitiv	Verbesserung einer schlechten Ausgangssituation	5 – 12	2.12
Flip-Flop-Technik	intuitiv	Impulsgebung bei festgefahrenen Diskussionen; Verbesserung einer schlechten Ausgangssituation	5 – 8	2.8
Funktionen- oder Wert-analyse	diskursiv	Ermittlung von Kostentreibern in der Fertigung oder Verwaltung, die nicht zur Wertsteigerung eines Produkts oder zur Wertschöpfung innerhalb einer Organisation beitragen	5 – 15	3.6
Galerie-methode	intuitiv	Kreativarbeit in Gruppen, die aus unterschiedlichen Bereichen kommen	3 – 12	2.12
Imaginäres Brainstorming	intuitiv	siehe Brainstorming	5 – 12	2.12
Karten-Technik	intuitiv	Analyse und Lösung von Problemen; Bewertung und Strukturierung von Problemlösungen	4 – 10	2.7

Kollektives Notizbuch	intuitiv	Lösungssuche komplexer Fragestellungen	Unbegrenzt	2.6
Methode 6-3-5	intuitiv	Konkrete Fragestellungen einfacher oder mittlerer Komplexität	6	2.5
Mind Mapping	intuitiv	Planung, Strukturierung von Wissen; Protokollerstellung	1 – 3	2.2
Morphologische Matrix/ morphologischer Kasten	diskursiv	Produktinnovation oder -verbesserung; Neukombination von Produktmerkmalen	1 – 10	3.1
Osborn-Checkliste	diskursiv	Weiterentwicklung einer bereits bestehenden Lösung; Nachbearbeitung eines Brainstormings	1 – 12	3.3
Progressive Abstraktion	diskursiv	Ideenfindung im Veränderungsmanagement; Erstellung eines Anforderungsprofils für ein neues Produkt	1 – 8	3.2
Reizwortanalyse	intuitiv	Ideenfindung in Werbung und Medien; Suche von Produktnamen; Neu- und Weiterentwicklung von Produkten	4 – 8	2.9
Relevanzbaumanalyse	diskursiv	Beschreibung komplexer Sachverhalte, dadurch Aufspüren des eigentlichen Kernproblems	1 – 5	3.4
SCAMPER	diskursiv	wie Osborn-Checkliste	1 – 12	3.6
Semantische Intuition	intuitiv	Entwickeln von Produktideen und -namen	1 – 8	2.12
Synektik	intuitiv	Komplexe Probleme; Produktneu- und weiterentwicklung; Überwindung eingefahrener Denkstrukturen	4 – 10	2.11
TRIZ	Kombimethode	Erfindungen, Produktinnovationen und -verbesserungen im technischen Bereich	Unbegrenzt	4.3
Ursache-Wirkungs-diagramm	diskursiv	Systematische Ermittlung von Ursachen eines Qualitäts-, Organisations- oder Ablaufproblems	4 – 12	3.5
Walt-Disney-Methode	Kombimethode	Überprüfung und Weiterentwicklung bereits gefundener Lösungen, vor allem hinsichtlich Umsetzbarkeit und Alltagstauglichkeit	1 – 6	4.2
Zukunftswerkstatt	Kombimethode	Bürgerinitiativen, soziale Einrichtungen, Arbeit mit Kindern und Jugendlichen	15 – 25	4.4

2. Brainstorming, Mind Mapping & Co. – intuitive Kreativitätstechniken

Als Intuition, vom lateinischen „intueri" (betrachten, erwägen), bezeichnet man das spontane Verstehen bzw. Erkennen von Sachverhalten oder Problemlösungen, ohne dass diesem ein analytischer Denkvorgang vorausgegangen ist. Der Begriff „Intuition" wurde im Laufe der Jahrhunderte sowohl von Philosophen wie Baruch Spinoza (1632–77), Johann Gottlieb Fichte (1762–1814) und Edmund Husserl (1859–1938) als auch in der Tiefenpsychologie des Carl Gustav Jung (1875–1961) gebraucht. Er definierte eine geistige Anschauung, die im Gegensatz zum diskursiven Denken (siehe Kapitel 3) nicht das Ergebnis eines logisch aufgebauten Denkprozesses ist, sondern aus dem Unterbewusstsein heraus spontane Ideen, Begriffe und Zusammenhänge ans Tageslicht befördert.
Bei den intuitiven Kreativitätstechniken, die im Folgenden vorgestellt werden, liegt das Ziel zunächst darin, innerhalb kurzer Zeit mündlich oder schriftlich eine möglichst große Anzahl von Ideen und Assoziationen zu generieren, deren Bewertung, Einordnung und Analyse dann in einem zweiten Schritt vorgenommen wird. Intuitive Methoden eignen sich besonders für die Arbeit in Gruppen, da häufig eine Idee zur nächsten führt und damit eine Assoziationskette in Gang gesetzt wird, die einen großen Fundus für eine spätere, detaillierte Problemlösung bietet.

Vorbemerkungen

Bei den intuitiven Kreativitätstechniken unterscheidet man zwischen vorrangig mündlichen oder verbalen Methoden (bekanntestes Beispiel: Brainstorming) und den unter Brainwriting zusammengefassten Varianten, bei denen die schriftliche Niederlegung Teil des Verfahrens ist. Brainwriting ist also der Oberbegriff für alle schriftlichen Formen des Brainstormings; hierbei wird der gesamte Prozess der Ideenfindung, angefangen von der Problemstellung über die Ideensammlung bis hin zur Analyse und Bewertung, schriftlich festgehalten.
Die Regeln und Voraussetzungen für eine erfolgreiche Anwendung sind für die beiden genannten Varianten gleich, egal ob man die

mündliche oder die schriftliche Form bevorzugt. Denn auch das Ziel ist in beiden Fällen dasselbe, nämlich die Sammlung einer möglichst großen Anzahl von spontanen Einfällen, Geistesblitzen, Ideen und Vorschlägen, die dabei helfen, ein Problem oder eine Aufgabenstellung zu lösen.
Die Vorteile des Brainwritings gegenüber dem reinen Brainstorming liegen vor allem darin, dass alle Teilnehmer dieselben Chancen zur Artikulation haben. In jedem Team gibt es Menschen, die eine gewisse Scheu davor haben, sich mündlich vor einer Gruppe zu äußern, obwohl sie durchaus qualifizierte und wichtige Beiträge leisten könnten. Gründe dafür können ein introvertierter Charakter, Angst vor Kritik oder Zweifel an der eigenen Ausdrucksfähigkeit sein. All diese Hemmungen werden durch die schriftliche Form der intuitiven Kreativitätstechniken ausgeschaltet oder zumindest abgemildert. Auch Menschen, deren Denkvorgänge zwar zielgerichtet, aber etwas langsamer ablaufen, werden sich beim Niederschreiben ihrer Gedanken stressfreier fühlen und bessere Ergebnisse erzielen. Somit kann das gesamte Kreativitätspotenzial eines Teams beim Brainwriting optimal genutzt werden. Ein weiterer Pluspunkt des Brainwritings ist zudem, dass keine zeitliche Einschränkung den freien Fluss von Einfällen und Assoziationen hemmt (Beispiel: Brainwriting Pool) und auch kein Zeitdruck zu Denkblockaden führen kann. Das Kollektive Notizbuch hat darüber hinaus den Vorteil, dass die Mitglieder des Teams sich nicht zwangsläufig am selben Ort befinden müssen, sondern von verschiedenen Orten aus am Prozess der Ideenfindung teilnehmen können. Damit entfallen logistische Probleme und zeitraubende Sitzungen und Zusammenkünfte.
Dritte Variante der intuitiven Kreativitätstechniken sind die Methoden, die das Finden von Analogien, Umkehrungen oder Verfremdungen als Werkzeug einsetzen. Deren Ziel ist es beispielsweise, Lösungen, die in einem bestimmten Bereich gefunden werden konnten, auf andere Bereiche zu übertragen. Hierzu zählt unter anderem die Flip-Flop-Technik.

Voraussetzungen für die intuitiven Kreativitätstechniken

Die Wirkung aller intuitiven Kreativitätstechniken beruht auf denselben Voraussetzungen. Im Laufe der Zeit haben sich bestimmte

Aspekte herauskristallisiert, die die Grundlage für optimale Ergebnisse darstellen. Daraus ist ein Katalog von Goldenen Regeln entstanden. Der Moderator einer Gruppe muss dafür sorgen, dass diese Regeln – vor allem in der Phase der Ideenfindung – beachtet und eingehalten werden. Wenn es keinen Moderator gibt, ist das Team in seiner Gesamtheit dafür verantwortlich, die Regeln nicht aus den Augen zu verlieren.

Die vier Goldenen Regeln der intuitiven Kreativitätstechniken

- Jede Idee im kreativen Prozess ist erlaubt und brauchbar – dem freien Lauf der Fantasie sollen keinerlei Zwänge auferlegt werden. Je spontaner die Äußerungen, desto höher die Erfolgsquote.
- Im Verlauf der Ideenfindung wird keine Wertung vorgenommen, weder durch Kommentare noch durch Körpersprache. Es muss unbedingt darauf geachtet werden, dass die Spontaneität nicht durch Hemmungen oder Angst vor Kritik beeinträchtigt wird.
- Das Aufgreifen und Ausbauen bereits geäußerter Ideen ist erlaubt, wünschenswert und wichtiger Impuls jeder Technik. Kein Teilnehmer hat das „Urheberrecht“ an einer Idee.
- Je mehr Ideen in einer kurzen Zeitspanne gefunden werden, desto besser ist dies für die Problemlösung – Quantität geht also zunächst vor Qualität.

2.1 Brainstorming

Auf einen Blick

Besonders geeignet für: Einstieg in ein Problemfeld; Ideenfindung in der Werbung; Produktentwicklung; Vorbereitung kreativer Sitzungen
Teilnehmerzahl: Gruppe von 5 bis maximal 12 Personen, Moderator und Protokollant erforderlich
Zeitaufwand: 30 bis 120 Minuten
Nötige Hilfsmittel: Flipchart
Besonderheiten: effektiv trotz geringen Aufwands und einfachen Ablaufs, Grundlage für weitere Kreativitätstechniken, verschiedene Varianten

Das Brainstorming ist eine der ältesten und am häufigsten eingesetzten Kreativitätstechniken. Alex Osborn (1888–1966;

siehe auch Kapitel 3.3) gilt als Erfinder dieser Methode, die den Synergieeffekt nutzt, der sich einstellt, wenn die Suche nach Ideen und Problemlösungen nicht von Einzelpersonen, sondern in einer Gruppe erfolgt. Angeregt durch seine Erfahrungen als Mitarbeiter einer Werbefirma formulierte er bereits in den 1930er-Jahren die ersten Grundsätze des Brainstormings, aus denen sich im Laufe der Zeit die bereits genannten Goldenen Regeln und der genaue Ablauf des Verfahrens entwickelten.

Vorgehensweise

Die Dauer einer Brainstormingsitzung hängt maßgeblich vom zugrunde liegenden Thema und der Zahl der Teilnehmer ab. Dabei werden immer drei Phasen durchlaufen:
- Einführung
- Ideensammlung
- Auswertung

Einführung
Wenn die Gruppenmitglieder bereits Erfahrung im Brainstorming haben, kann sofort mit der Präsentation der Aufgabenstellung und der Problemdefinition begonnen werden. Ist das Team jedoch mit der Methode noch nicht vertraut, erklärt der Moderator zunächst deren Grundlagen und verdeutlicht die wichtigsten Regeln, wie sie in der Einleitung des Kapitels beschrieben sind. Anschließend wird das Thema vorgestellt, Fragen dazu werden geklärt und Voraussetzungen oder die Ist-Situation erörtert. Nun kann eine Kernaussage oder ein Zentralbegriff für die Aufgabe definiert werden. Es empfiehlt sich, diese Aussage bzw. diesen Begriff für alle gut sichtbar auf dem Flipchart zu notieren.

Ideensammlung
Alle Teilnehmer werden nun aufgefordert, ihre spontanen Eingebungen, Ideen und Einfälle zu äußern. Dies geschieht am besten reihum in mehreren Durchgängen, sodass auch wirklich alle Teammitglieder zu Wort kommen. Der Moderator muss dafür sorgen, dass kein Durcheinander von Wortmeldungen entsteht und dass die Goldenen Regeln eingehalten werden. Ein Protokollant zeichnet alle Beiträge der Reihe nach auf dem Flipchart auf. Damit

Bill Gates – Ideen-reich

Name: William (Bill) Henry Gates III.
Geburtsdatum: 28. Oktober 1955
Geburtsort: Seattle/USA
Microsoft-Gründer
Als Jugendlicher beschäftigte sich Gates gerne mit Mathematik und Wirtschaft, Disziplinen also, die, wenn überhaupt, nur Eingeweihten als kreativ gelten. Schon damals wirkte der mittlerweile reichste Mensch der Welt (geschätztes Vermögen rund 50 Milliarden Dollar) zurückgezogen und etwas eigenbrötlerisch. Diese Ich-Konzentriertheit dürfte ihm bei seiner Mission als Computer-Pionier sogar geholfen haben: In einer Zeit, in der es keineswegs allgemeine Überzeugung war, dass Computer sämtliche Bereiche des Lebens beherrschen und revolutionieren würden, hielt er an seiner Vision fest und gründete bereits im Alter von 19 Jahren den späteren Weltkonzern Microsoft. Auf der Basis von MS-DOS programmierte er das Betriebssystem Windows, das heute durch sein Quasi-Monopol die Vernetzung von EDV-Nutzern rund um den Globus ermöglicht, Microsoft aber wegen dieser Machtfülle auch regelmäßig in die Kritik bringt. Neben seinen wirtschaftlichen Aktivitäten agiert Bill Gates als Mäzen und betreibt mit seiner Frau Melinda eine Mega-Stiftung, die sich unter anderem der Verbesserung der Schulbildung und umfangreichen Impfprogrammen verschrieben hat.

Erfolgsrezept

Trotz der hohen Konzentration auf seine Arbeit war Gates stets klar, dass speziell bei bahnbrechenden Neuerungen die breite Masse nicht spontan und sofort mitziehen würde. Er konnte klar unterscheiden zwischen seiner Faszination und dem jeweils Durchsetzbaren. Beharrlich stellte er daher seine Idee, ein Bedienersystem für Jedermann zu schaffen und weltweit zu verbreiten, auf zahlreichen Messen vor – und ließ sich durch anfängliche Misserfolge nicht entmutigen. Gates war auch klar: So brillant er sein mag, um wirklich Erfolg zu haben, muss er sich mit anderen Fachleuten verbünden. Schon auf der Privatschule Lakeside tat er sich mit seinem späteren Geschäftspartner Paul Allen zusammen und stellte bei Microsoft stets Top-Kräfte für Marketing und auch andere Bereiche, die seinem Naturell weniger entsprechen, ein.

keine Vorschläge verloren gehen oder vergessen werden, während die Teilnehmer darauf warten, an die Reihe zu kommen, können Blätter verteilt werden, auf denen jeder seine spontanen Einfälle, Assoziationen und Gedanken notiert und diese ergänzt, wenn ihn die Äußerung eines Teamkollegen zu einer neuen Idee anregt.
In der Regel erfolgt der Prozess der Ideenfindung in zwei Wellen: Nach einer ersten kreativen Phase, in der die Ideen nur so strömen, kommt es im Normalfall nach 15 bis 20 Minuten zu einem „Kreativitätsloch" – das Thema scheint ausgereizt. Jetzt sollte eine kurze Pause eingelegt werden, die die Teilnehmer nach eigenem Ermessen gestalten können. Manche werden einen Kaffee trinken und das Thema vorübergehend ganz beiseite schieben, andere vertiefen sich noch einmal in die Problemstellung und rekapitulieren die bereits vorhandenen Beiträge. Nach einer solchen Pause folgt erfahrungsgemäß eine neue Welle von Kreativität, die oft sogar zu noch besseren und vielfältigeren Ergebnissen führt.

Auswertung
Die dritte und letzte Phase des Brainstormings ist die Sichtung und Strukturierung der gefundenen Ideen. Die Teilnehmer entscheiden in einer Gruppendiskussion, welche Ideen sofort umsetzbar sind, welche noch verändert und verbessert werden sollten und welche im Augenblick für eine Lösungsfindung ungeeignet sind. Nachdem diesbezüglich ein Konsens erarbeitet wurde, können die herausgefilterten Lösungen dafür benutzt werden, konkrete Maßnahmen zur Bewältigung der gestellten Aufgabe zu entwickeln.

Was Sie noch über Brainstorming wissen sollten

Verschiedene wissenschaftliche Versuche wurden in der Vergangenheit dazu herangezogen, die Wirksamkeit von Brainstorming in Zweifel zu ziehen. Auch wenn das Ergebnis einer Brainstormingsitzung nicht automatisch zu konkreten Ergebnissen führt, besitzt es Eigenschaften, die den Einsatz immer wieder rechtfertigen. Dies gilt besonders in Bereichen, in denen die Kreativität eine Grundvoraussetzung für die Problemlösung darstellt, wie beispielsweise in der Werbung. Kreative Menschen sind meist besonders gut dazu in der Lage, sich gegenseitig anzuregen und fremde Ideen durch eigene auszubauen.

Die Zusammensetzung der Gruppe sollte je nach Aufgabenstellung geplant werden. Bei sehr spezifischen Problemen, die besondere Sachkenntnisse erfordern, ist es sinnvoll, überwiegend Fachleute im Team zusammenzuführen. Dabei muss der Moderator jedoch darauf achten, dass es nicht – statt zu intuitiver Ideensammlung – zu einer Fachdiskussion kommt. Unspezifischere, weniger komplexe Problemstellungen, die zudem mehrere Bereiche eines Unternehmens betreffen, können durchaus in einer weniger homogenen Gruppe bearbeitet werden. Hier muss der Moderator eingreifen, wenn sich aufgrund einer ausgeprägten Hierarchie ein Ungleichgewicht bei den Beiträgen der einzelnen Teilnehmer einstellt. Ein Ziel des Brainstormings kann es sein, möglichst viele Personen eines Unternehmens an der Lösungsfindung zu beteiligen. In diesem Fall geht es dann weniger um konkrete Ergebnisse als um eine Verbesserung des Betriebsklimas.
Auch wenn ein Brainstorming in großen Gruppen eingesetzt werden kann, erzielt man im Allgemeinen die besten Ergebnisse bei einer Teilnehmerzahl von fünf bis sieben Personen, da die Anzahl der Beiträge dabei überschaubar bleibt und eine zu langwierige Auswahl von nicht nützlichen Beiträgen entfällt. Wichtig ist also immer, zunächst nach dem eigentlichen Ziel seiner Bemühungen zu fragen, bevor man sich für den Einsatz einer bestimmten Kreativitätstechnik entscheidet.
Speziell im Falle des Brainstormings sollten Sie überlegen, ob für Ihre Zwecke eine der zahlreichen Varianten (siehe Kapitel 2.12) infrage kommt.

Übung

Als Einstieg in die Nutzung von Kreativitätstechniken erhalten Sie zunächst ein einfaches Thema, mit dem die meisten von Ihnen vertraut sein werden. Es geht darum, den Alltag in der Familie oder in der Beziehung so zu gestalten, dass alle Beteiligten zu ihrem Recht kommen und Streitpunkte möglichst vermieden werden. Ihre Aufgabe lautet also: „Suchen Sie mittels Brainstorming nach Ideen, wie das Familien-/Eheleben möglichst stressfrei gestaltet werden kann." Vielleicht hat Ihre Familie oder Ihr Partner ja sogar Lust, sich daran zu beteiligen?

2.2 Mind Mapping

Auf einen Blick

Besonders geeignet für: Planung; Strukturierung von Wissen; Protokollerstellung; Vorbereitung von Referaten oder Seminaren; Themenübersichten
Teilnehmerzahl: Einzelperson oder Kleingruppe (2 bis 3 Personen)
Zeitaufwand: 30 bis 60 Minuten
Nötige Hilfsmittel: unliniertes Papier mindestens DIN A4, Schreibutensilien, farbige Stifte
Besonderheiten: jederzeit durchführbar, geringer Zeit- und Materialaufwand, individuelle Ergebnisse, verändert Denkstrukturen

Mind Mapping, also das Erstellen einer Mind Map, ist eine Kreativitätstechnik, deren Effektivität darauf beruht, dass Wissen bildhaft strukturiert und auf verschiedenen Ebenen abgebildet wird. Als ihr Erfinder gilt der britische Psychologe und Mentaltrainer Tony Buzan (*1942), der in den 1970er-Jahren dieser vielseitigen Methode ihren Namen gab. Mind Mapping ist heute weitverbreitet und kann in den unterschiedlichsten Bereichen eingesetzt werden: von der Planung und Organisation im Privatleben über Schule, Studium und Berufsleben bis hin zur Problemstrukturierung und Lösungssuche in Wirtschaft und Forschung.

Vorgehensweise

Eine Mind Map erstellen Sie, indem Sie alle Fakten, Ideen und Kriterien Ihres Problems nicht – wie sonst üblich – in linearer, sondern in grafischer Form festhalten. Dabei gehen Sie in folgenden Schritten vor:

- Thema definieren
- Schlüsselwörter sammeln
- Ausarbeitung

Thema definieren
Bevor Sie mit der eigentlichen Arbeit beginnen, müssen Sie zuerst überlegen, wie Sie Ihre Aufgabe oder Ihr Problem mit einem einzigen, aussagefähigen Begriff beschreiben wollen. Wie bereits erwähnt,

eignet sich Mind Mapping für fast alle Bereiche im Alltags- und Berufsleben. Legen Sie Ihr Blatt im Querformat vor sich und schreiben Sie diesen Begriff in Großbuchstaben in die Mitte. Themen könnten z.B. sein: Einkaufsliste – Geburtstagsfeier – Abiturfeier – Referat über ... – Reiseplanung – Haushaltsorganisation – Betriebsausflug – Dorffest – Mitgliederversammlung im Sportverein – Aufgabenverteilung im Betrieb – Seminararbeit – Protokoll der Vorstandssitzung – usw. Wie Sie sehen, finden sich unzählige Möglichkeiten der Anwendung. Umranden Sie Ihren Zentralbegriff mit einer dicken Linie. Ergänzen Sie ihn nach Belieben mit einem Symbol, einer Skizze, einer Figur – ganz wie es Ihrem persönlichen Stil entspricht.

Schlüsselwörter sammeln

Von diesem Zentralbegriff aus erarbeiten Sie sich nun das Thema. Stellen Sie sich vor, dass es sich um einen Baum handelt: Ihr Schlagwort ist der Stamm und von diesem gehen viele Äste ab. Die Äste sind all jene Dinge, die Ihnen spontan einfallen. Gruppieren Sie sie um die Mitte herum und verbinden Sie sie durch Linien mit Ihrem Grundbegriff. Lassen Sie auch hier Ihrer kreativen Fantasie freien Lauf. Benutzen Sie verschiedene Farben für die einzelnen Äste, umranden Sie die Wörter mit unterschiedlich geformten Rahmen oder malen Sie kleine Bilder dazu. Es dient beispielsweise der Übersichtlichkeit, wenn Sie alle Begriffe derselben Hierarchie mit derselben Farbe markieren. Achten Sie auch darauf, dass Sie nur einzelne Schlagworte oder sehr kurze Formulierungen benutzen.

Auch von diesen Ästen werden nun wieder Zweige, sprich Begriffe oder Ideen abgeleitet, die Sie in beliebiger Form am jeweiligen Ast entlang gruppieren. Ein ganz einfaches Beispiel: Ihr Zentralbegriff ist „Wochenendeinkauf“, die Äste sind die verschiedenen Läden, in die Sie gehen müssen und die Zweige sind die Waren, die Sie in den jeweiligen Geschäften kaufen wollen.

Fällt Ihnen etwas ein, von dem Sie nicht genau wissen, unter welchen Überbegriff es fällt, dann gehen Sie den umgekehrten Weg: Suchen Sie zuerst den passenden Überbegriff, fügen Sie diesen in Ihre Mind Map ein und ergänzen Sie dann den bekannten Begriff und auch andere Zweige, die Ihnen noch dazu einfallen. Auch hier ein Beispiel: Bei der Planung Ihres Sommerfestes fällt Ihnen spontan „Caipirinha“ ein. Wo sollen Sie dies notieren? Der Überbegriff ist natürlich „Getränke“, also fügen Sie an Ihren Grundbegriff

„Sommerfest" den Ast „Getränke" an, fügen den Zweig „Caipirinha" hinzu – und schon wird Ihnen einfallen, was Sie sonst noch an Getränken bereithalten wollen. Sie könnten sogar noch genauer differenzieren, je nachdem ob es sich um die Grobplanung oder schon um eine Detailplanung handelt: Sommerfest → Bewirtung → Getränke → alkoholische Getränke → Caipirinha.
Hier erkennen Sie auch ein weiteres Wesensmerkmal des Mind Mapping: Wenn zu einem bestimmten Ast Ihres Themas sehr viele Zweige und Unterzweige entstehen, sollten Sie überlegen, ob dieser Ast nicht zum Zentralbegriff einer eigenen Mind Map werden kann. Bei sehr komplexen Themen zeichnet sich schnell eine Hierarchie der Planung ab und eine gut strukturierte Vorgehensweise ergibt sich praktisch wie von selbst.

Ausarbeitung
Sie werden feststellen, dass sich Ihnen Ihr Thema auf Anhieb in vielen verschiedenen Aspekten erschlossen hat. Gehen Sie jetzt noch einmal systematisch durch die vor Ihnen liegende Mind Map und überlegen Sie, wo Sie noch Verbesserungen anbringen können. Gibt es noch weitere Kategorien, die Sie einfügen könnten? Ergeben sich zwischen einzelnen Punkten Verbindungen, die Ihnen bei der Problemlösung weiterhelfen? Ist es vorteilhaft, bestimmte Hierarchien zu verschieben? Kann man die einzelnen Äste mit Nummern versehen, um sie in eine zeitliche Abfolge zu bringen?
Wenn Ihre Aufzeichnungen sehr umfangreich oder nicht mehr übersichtlich genug sind, hilft es häufig, in einem zweiten Durchgang mit allen oder den am wichtigsten erscheinenden Aspekten eine neue, endgültige Mind Map zu erstellen, die dann den „Fahrplan" für die Lösung Ihrer im Zentrum des Blattes definierten Aufgabe darstellt.

Vor- und Nachteile des Mind Mapping

Mit dem Mind Mapping haben Sie ein wertvolles Werkzeug in der Hand, Ordnung in Ihre Gedanken zu bringen und strukturierte Lösungswege für kleine und große Aufgaben zu entwickeln. Wie die meisten intuitiven Kreativitätstechniken gibt es auch hier Vor- und Nachteile, die Sie gegeneinander abwägen müssen, um herauszufinden, ob die gewählte Methode in Ihrem Fall den größten Erfolg verspricht.

Die Vorteile:

- Mind Mapping ist einfach zu handhaben, jederzeit einsetzbar und für die Lösung der unterschiedlichsten Probleme geeignet.
- Das Gehirn wird angeregt, eingeübte lineare Denkstrukturen zu verlassen.
- Vernetzungen und Assoziationen können leichter abgerufen werden.
- Aufgabenstellungen und Informationen werden optimal strukturiert.
- Die grafische Darstellung fördert die Übersichtlichkeit und unterstützt das visuelle Gedächtnis.
- Problemlösungen lassen sich sowohl „top-down“ als auch „bottom-up“, also sowohl von oben (generelle Fragestellung) nach unten (Details der Problemlösung) als auch umgekehrt erarbeiten.
- Mind Mapping kann auch von jungen Menschen in Schule, Studium und Ausbildung zur Bewältigung des Lernstoffs, Hausaufgabenvorbereitung, Verfassen von Referaten, Protokollen und Seminararbeiten oder zur Prüfungsvorbereitung angewendet werden.

Die Nachteile:

- Für Außenstehende ist eine individuelle Mind Map oft nur schwer zu durchschauen.
- Mind Mapping eignet sich nur bedingt für Teamarbeit.
- Bei komplexen Themen kann eine Mind Map leicht unübersichtlich werden.
- Nachträgliche Änderungen sind schwer zu bewerkstelligen und lassen sich oft nur durch die Erstellung einer neuen Mind Map umsetzen.
- Die kreative Umsetzung mit Farben und Bildern lässt manchen Menschen eine Mind Map als unprofessionell erscheinen.
- Mind Mapping strukturiert die Aufgabenstellung, stellt aber keine konkrete Problemlösung dar.

Beispiele

Nachfolgend finden Sie zunächst die einfache, von Hand gezeichnete Mind Map eines Schülers zum Thema: „Referat über Delfine“.

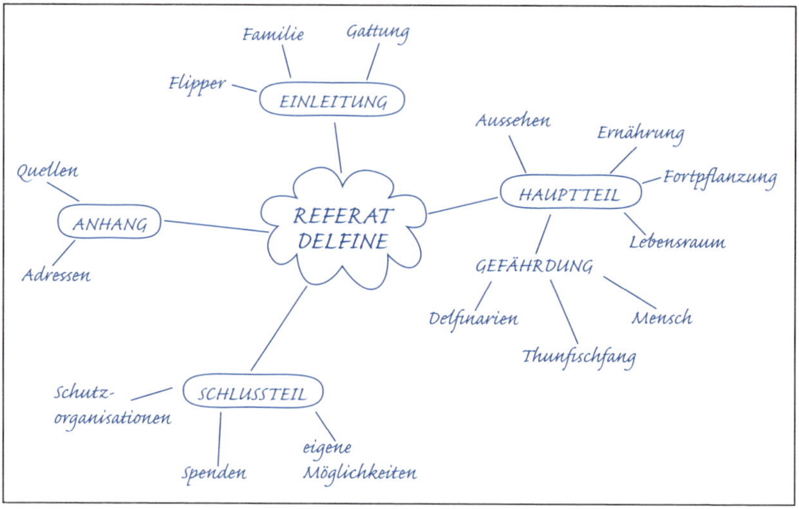

Die nächste Abbildung zeigt eine professionell am Computer erstellte Mind Map.
Die Aufgabenstellung lautet: „Neueinrichtung einer Schulbibliothek".

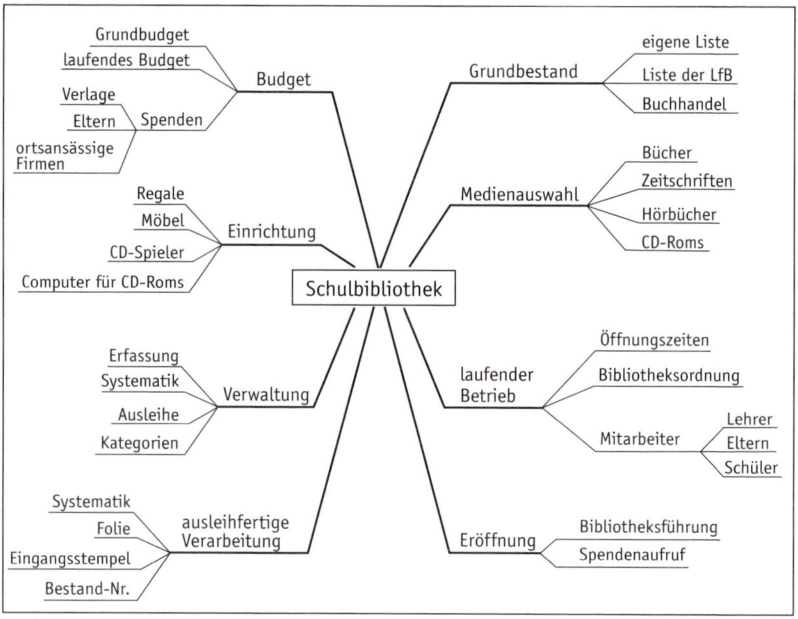

Tipp

Im Internet finden Sie unter dem Suchbegriff „Mind Map“ bei verschiedenen Suchmaschinen zahlreiche Web-Adressen, bei denen Sie Mind-Map-Programme kostenlos oder gegen Entgelt herunterladen können.

Übung

Nun sind Sie an der Reihe. Planen Sie mithilfe einer Mind Map eine Feier: die Hochzeit Ihrer Tochter, Ihren 30. Geburtstag oder eine Veranstaltung zur 75-Jahr-Feier Ihres Tennisclubs.

Dieses relativ alltägliche Thema dürfte Ihnen leichtfallen und Sie mit der Technik des Mind Mapping vertraut machen. Im Anschluss daran können Sie sich einer komplexeren Aufgabenstellung widmen. Stellen Sie sich vor, Ihr Bausparvertrag sei zuteilungsreif geworden. Endlich können Sie bauen. Das Grundstück haben Sie schon vor längerer Zeit gekauft und bezahlt. Nun beginnt die Planung des Hauses: ein ergiebiges Thema für eine Mind Map.

2.3 Clustering

Auf einen Blick

Besonders geeignet für: Ideenfindung im sprachlichen Bereich (Werbetexter, Journalisten, Autoren)
Teilnehmerzahl: Einzelperson oder Gruppe von 3 bis 5 Personen
Zeitaufwand: 60 bis 90 Minuten
Nötige Hilfsmittel für Einzelpersonen: leeres Blatt, am besten DIN A3; für Gruppen: Flipchart oder Overhead-Projektor
Besonderheiten: Grundmethode des Kreativen Schreibens, verknüpft rechte und linke Gehirnhälfte und intensiviert assoziative Denkvorgänge, spontan einsetzbar

Das englische Wort „cluster“ heißt übersetzt „Gruppe, Haufen, Anhäufung“. Gabriele L. Rico (*1937), Dozentin für Anglistik und Kunstpädagogik und erfolgreiche Schreiblehrerin in den USA, entwickelte den Begriff „Clustering“ in ihrem Buch *Writing the Natural Way* (deutscher Titel: *Garantiert schreiben lernen*, Rowohlt 2004).

Bei dieser Form des Kreativen Schreibens handelt es sich um eine Abwandlung des Brainstormings, bei dem die gefundenen Assoziationen und Ideen bewusst miteinander verknüpft werden. Gedankengänge, die auf diese Weise sichtbar gemacht werden, lassen sich weiterverfolgen und führen letztlich zu einem spontanen Schreibimpuls, der den Auslöser für die Bewältigung der gestellten Aufgabe bildet.
Trotz der ähnlichen Vorgehensweise sollte man den Cluster nicht mit einer Mind Map verwechseln, denn beide Verfahren dienen unterschiedlichen Zwecken: Während es sich beim Clustering um eine Technik zur reinen Assoziationsförderung handelt, dient die Mind Map dazu, vorhandene Ideen weiterzuentwickeln und zu systematisieren.

Vorgehensweise

Im Gegensatz zu den meisten anderen Kreativitätstechniken gibt es beim Clustering keine genau voneinander abgegrenzten Schritte des Verfahrensablaufs. Es handelt sich vielmehr um einen fließenden Prozess, bei dem die einzelnen Phasen unterschiedlich viel Zeit beanspruchen und der davon abhängt, inwieweit Kreativität und Assoziationsvermögen bereits vorhanden sind oder noch ausgebaut werden müssen. Der Ablauf unterscheidet sich aber je nachdem, ob man das Clustering allein oder in der Gruppe einsetzt.

Clustering für Einzelpersonen
In die Mitte eines großen, leeren Bogens Papier schreiben Sie den Begriff, um den es in Ihrer Aufgabenstellung geht. Umrahmen Sie dieses Wort oder die Formulierung und beginnen Sie den kreativen Prozess, indem Sie spontan und ohne gedankliche Beschränkungen alle Dinge notieren, die Ihnen zum Kernbegriff einfallen. Halten Sie alles fest, was Ihnen in den Sinn kommt: einzelne Wörter, Gedanken, Gefühle, Satzteile, Synonyme, Attribute, Zitate, Personen, Stimmungen usw. Gruppieren Sie alle Ihre Ideen um das Zentrum des Blattes herum. Rahmen Sie auch die neu gefundenen Begriffe ein und verbinden Sie diese mit Linien – mit dem Hauptwort in der Mitte, in einer weiterführenden Linie, wenn eine Idee auf die andere aufbaut oder untereinander, wenn es eine Beziehung zwischen den einzelnen Faktoren gibt.

Wenn Ihr Schreibfluss ins Stocken gerät, kehren Sie wieder zum Ausgangsbegriff zurück. Vertiefen Sie sich noch einmal in den Zentralbegriff bzw. die Aussage und lassen Sie Ihre Fantasie noch einmal schweifen. Überprüfen Sie die Verbindungen zwischen den einzelnen Notizen, verstärken Sie Linien, die Ihnen besonders bedeutsam vorkommen oder markieren Sie Begriffe farbig, die Sie noch weiter herausarbeiten wollen.
Wenn Sie nun Ihren Cluster genauer untersuchen, werden Sie wahrscheinlich feststellen, dass es an einer Stelle besonders viele Verbindungen gibt. Lassen Sie diese auf sich wirken und versuchen Sie, dieses sogenannte Versuchsnetz (trial web) als Ausgangspunkt für Ihre Aufgabenstellung zu nehmen. Möglicherweise erweist sich das Netz als zu wenig ergiebig. Aber es ist, wie der Name schon sagt, ja nur ein Versuch. Dann müssen Sie an einer anderen Stelle weitersuchen. Vielleicht bemerken Sie aber auch schnell, dass Sie den richtigen Weg gefunden haben und diesen weiter beschreiten können. Entwickeln Sie die ausgewählte Clusterstruktur weiter und nutzen Sie den Impuls, spontan zu formulieren – das Versuchsnetz wird so zum Kern Ihrer Aufgabenstellung und zur Basis für dessen Bewältigung.

Clustering in einer Gruppe
Um ein erfolgreiches Clustering im Team zu gewährleisten, sollte dieses aus drei bis fünf Personen bestehen. Damit alle Beteiligten den Prozess mitverfolgen können, wird der Cluster nicht auf einem Bogen Papier, sondern auf einem Flipchart oder mithilfe eines Overheadprojektors erstellt. Ein Gruppenmitglied übernimmt die Aufgabe der schriftlichen Aufzeichnung. Das Thema oder der Kernbegriff werden in der Mitte positioniert; anschließend dürfen die Teilnehmer der Reihe nach ihre Ideen und Einfälle spontan äußern. Dabei sollte darauf geachtet werden, dass jeder in gleichem Maße zum Zuge kommt und seine Äußerungen in mehreren Runden, also nicht „auf einen Schlag“, beisteuern kann. Das hat zudem den Vorteil, dass sich in den Phasen des Zuhörens neue Assoziationen einstellen, die von den Beiträgen der anderen Teammitglieder ausgelöst werden. Gemeinsam wird diskutiert, welche Verbindungen sich aus den gesammelten Begriffen ergeben und wo Linien gezogen werden können. Nach Abschluss der Ideensammlung wird gemeinsam nach einem Versuchsnetz gesucht, das eine

Karl Lagerfeld – Kreatives Gesamtkunstwerk

Name: Karl Lagerfeld
Geburtsdatum: 10. September 1938
Geburtsort: Hamburg
Modedesigner, Unternehmer, Fotograf, Comic-Zeichner
Schon im Alter von 14 Jahren zog Lagerfeld mit seiner Mutter nach Paris, nachdem er die Schule vorzeitig abgebrochen hatte. In der Hauptstadt der Mode sollte er bewusst ein weitläufigeres Leben kennenlernen als in seiner Geburtsstadt. Nach Schneiderlehre und Studium arbeitete Lagerfeld für zahlreiche Designer wie Pierre Balmain, Jean Patou, Fendi, Chloé und für das Haus Chanel, dessen Führung er 1984 übernahm. Lagerfelds durchgängiges Credo: Er wollte Mode zum Anziehen machen, nicht fürs Museum. Diese Kreationen fotografiert Lagerfeld – Markenzeichen Pferdeschwanz und Fächer – für Kataloge teils selbst, bestückt aber auch Ausstellungen und Bildbände mit fotografischen Werken. In Lagerfelds Windschatten avancierte auch das Modell Claudia Schiffer zum langjährigen Topstar der Branche. Seit 2006 macht Karl Lagerfeld auch als Comic-Zeichner von sich reden.

Erfolgsrezept

Nicht nur seine Modeentwürfe, sondern auch seine eigene Person hat Lagerfeld immer wieder neu erfunden. Konsequent hat sich „Karl der Große" – wie er in der Branche anerkennend genannt wird – dabei stets als Marke stilisiert. So verhinderte er trotz seiner zahlreichen Arbeitgeber, das eigene Profil zu verlieren. Im Gegenteil: Er konnte sein Image dazu nutzen, auch andere Produkte wie Parfüms erfolgreich zu vermarkten. Die Vergabe einer Lizenz an das Versandhaus Quelle spricht ebenfalls für Lagerfelds geschäftlichen Instinkt, aber auch für den Wunsch, seine extravagante Mode möglichst vielen Menschen zugänglich zu machen.

erfolgreiche Weiterentwicklung verspricht. Aufgrund der unterschiedlichen Voraussetzungen und Blickwinkel der Beteiligten kann es durchaus passieren, dass sich verschiedene Netze herauskristallisieren, sodass die einzelnen Teilnehmer jeweils einen anderen Ansatz für die Problemlösung wählen. Dies wird mit großer Sicherheit dazu führen, dass die Gruppe für die gestellte Aufgabe mindestens eine zufriedenstellende Lösung findet.

Beispiel für einen Cluster

Ein Journalist erhält den Auftrag, für das Magazin *Reise & Abenteuer* einen Beitrag zum Thema „Eine Reise in die Wüste" zu schreiben. Um einen leichteren Einstieg in das Thema zu finden, entwirft er den dargestellten Cluster:

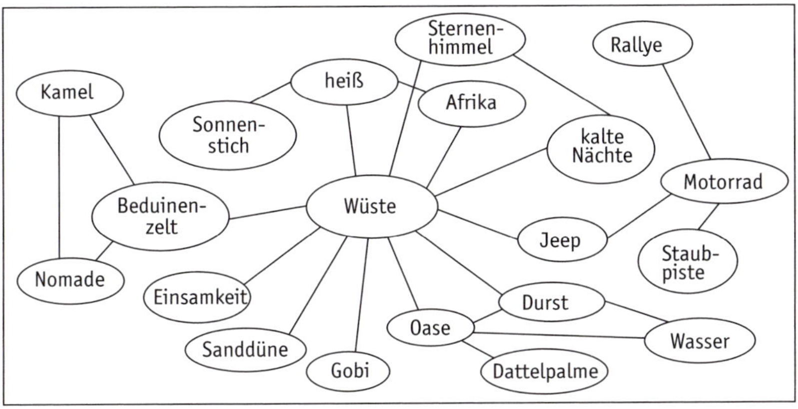

Übung

Für einen Verlag sollen Sie ein Buch zum Thema „Kinderlieder" schreiben. Was löst dieses Thema in Ihnen aus? Erstellen Sie einen ausführlichen Cluster!

Was Sie noch über Clustering wissen sollten

Clustering ist eine optimale Methode, die beiden unterschiedlichen Bereiche des menschlichen Gehirns, nämlich die linke und die rechte Gehirnhälfte, zu einer perfekten Zusammenarbeit zu veranlassen. Während der linke Teil unseres Gehirns für Logik und Struktur zuständig ist und seine Prozesse linear ablaufen, ist der rechte Teil Sitz des Gefühls und der Intuition. Hier können mehrere Informationen gleichzeitig verarbeitet werden, die Prozesse verlaufen komplex. Mithilfe des Clusterings ist es also möglich, abstrakte und schöpferische Denkvorgänge miteinander zu verbinden und damit zu optimalen kreativen Ergebnissen zu kommen. Darüber hinaus trägt es dazu bei, Denk- und Schreibblockaden zu überwinden, die häufig in Bereichen auftreten, wo „auf Befehl" mit Sprache und Texten kreativ gearbeitet werden muss – also in der Werbebranche, im Journalismus und im Verlagswesen. Diese Blockaden resultieren häufig aus der Tatsache, dass das Gehirn Rationalität und Emotionalität nicht in Einklang bringen kann. Beide Gehirnhälften halten die verschiedensten Informationen bereit, aber es kann nur schwer eine Verbindung zwischen ihnen geschaffen werden. Das Clustering stellt diese Verbindungen her und sorgt dafür, dass die rationalen, konkreten Elemente der linken Gehirnhälfte mit den emotionalen, sprachlichen Elementen der rechten Gehirnhälfte verbalisiert und artikuliert werden können.

2.4 Brainwriting Pool

Auf einen Blick

Besonders geeignet für: Aufgabenstellungen, die besondere Kreativität erfordern (Werbung, Journalistik u.Ä.); spontane Stoffsammlung noch wenig strukturierter Themenkreise
Teilnehmerzahl: 4 bis 8 Personen; ein Teilnehmer übernimmt die Moderation
Zeitaufwand: 30 bis 60 Minuten
Nötige Hilfsmittel: Schreibpapier DIN A4 oder Karteikarten DIN A5
Besonderheiten: einfachste Variante des schriftlichen Brainstormings; bietet allen Teammitgliedern dieselben Chancen zur Kreativitätsentfaltung und Artikulation

Eine sehr unkomplizierte, aber trotz allem wirkungsvolle Methode des schriftlichen Brainstormings ist der Brainwriting Pool. Diese Form der Ideenfindung bedarf keiner besonderen Vorbereitung und kann im Bedarfsfall auch in einer Sitzung oder Diskussionsrunde spontan eingesetzt werden.

Vorgehensweise

Beim Brainwriting Pool legen die Teilnehmer ihre Ideen ohne zeitliche Einschränkung schriftlich auf einem oder mehreren Blättern nieder. Der Austausch der beschriebenen Blätter untereinander bewirkt eine wechselseitige Anregung; durch diesen Impuls können die Teammitglieder wieder neue Ideen entwickeln oder „fremde" Ideen ausbauen. Der Ablauf gliedert sich in zwei Phasen: die Ideensammlung und Entwicklung von Assoziationen sowie die anschließende Auswertung und Bewertung der gefundenen Lösungsmöglichkeiten.

Ideensammlung

Alle Teilnehmer der Gruppe sitzen an einem Tisch und erhalten mehrere Schreibblätter oder Karteikarten. Der Moderator fasst das Problem, das sich eventuell aus einer vorausgegangenen Diskussion entwickelt hat, in Worte und präsentiert die konkrete Aufgabenstellung.

In der Folge notieren die Teammitglieder auf einem ihrer Blätter alle Gedanken und Anmerkungen, die ihnen spontan zu dieser Problematik einfallen. Dabei sind der Fantasie keinerlei Grenzen gesetzt und es gibt keine zeitlichen Vorgaben. Wenn ein Teilnehmer das Gefühl hat, dass ihm keine nennenswerten Ideen mehr einfallen werden, legt er sein beschriebenes Blatt in die Mitte des Tisches (den Brainwriting Pool) und holt sich von dort ein anderes Blatt, das bereits von einem der Kollegen beschrieben wurde. Nachdem er dieses durchgelesen hat, stellen sich durch die erhaltenen Anregungen neue Ideen und Vorschläge ein, die er wiederum auf einem eigenen Blatt notiert. Es ist auch erlaubt, eine der fremden Ideen herauszugreifen und durch eigene Ergänzungen weiterzuentwickeln. Der Vorgang kann beliebig lange fortgesetzt werden; je nach Teilnehmerzahl sollte aber für die Gesamtdauer der Sitzung ein Zeitrahmen festgelegt werden.

Auswertung

Wenn alle Teilnehmer der Meinung sind, ihr Kreativitätspotenzial ausgeschöpft zu haben, erfolgt im zweiten Schritt die Auswertung und Bewertung des gesammelten Stoffes. Unter Anleitung des Moderators werden alle notierten Ideen vorgelesen. Nun können die Teilnehmer in einer Diskussion Nutzen, Effektivität und Realisierbarkeit der gefundenen Antworten bewerten. Die besten Ideen werden herausgefiltert und bilden den Rahmen für die Erarbeitung einer konkreten Lösungsstrategie.

Übung

Da es sich beim Brainwriting Pool um eine Technik handelt, deren Vorteile nur in einer Gruppe zum Tragen kommen, sollten Sie versuchen, mindestens einen Mitstreiter zu finden, der Spaß daran hat, mit Ihnen eine kreative Sitzung abzuhalten. Es geht ja darum, dass Sie sich gegenseitig inspirieren und sich eine Idee aus der anderen entwickelt. Mithilfe Ihres Partners oder Ihrer Partnerin können Sie nun eine der gestellten Aufgaben in Angriff nehmen. Wenn Sie besonders fleißig sind, dürfen Sie natürlich auch alle Themen bearbeiten – der Entwicklung Ihrer Kreativität und Spontaneität wird dies nur förderlich sein.

Ihre Themen:

- Das Lektoratsteam des Verlags Tausendschön sucht einen Titel für ein neues Buch zum Themenbereich Wellness und Lifestyle.
- Die Werbeagentur carsten & friends benötigt einen Werbeslogan für eine neue Herrenunterwäschekollektion für die Generation 50+.
- Der Schulelternbeirat der Grund- und Hauptschule Schönfeld plant ein Sommerfest unter dem Motto „Die fröhliche Schule“.
- Der vierzehntägige Newsletter der Frauenzeitschrift *Karoline* widmet sich dem Thema „Advent und Weihnachten ohne Stress“.

2.5 Methode 6-3-5

Auf einen Blick

Besonders geeignet für: Probleme einfacher oder mittlerer Komplexität, denen eine konkrete Fragestellung zugrunde liegt und die konkrete Lösungen erfordern

Teilnehmerzahl: Gruppe von 6 Personen (Es können auch mehr oder weniger Personen sein, was jedoch die Effektivität beeinträchtigt.)

Zeitaufwand: 30 bis 50 Minuten

Nötige Hilfsmittel: vorbereitete Formulare, möglichst DIN A3

Besonderheiten: kein Moderator erforderlich, einfache Ausführung, geringer Zeitaufwand

Die Methode 6-3-5 zählt zu den Brainwriting-Techniken, die ohne großen Aufwand sehr schnell zu einer großen Anzahl von

Ideen führen. Der Name des Verfahrens basiert darauf, dass im optimalen Fall
- sechs Personen
- drei Ideen
- in fünf Minuten

produzieren und notieren.

Vorgehensweise

Auf einem vorbereiteten Formular notiert jeder Teilnehmer in fünf Minuten drei Ideen. Die Blätter werden weitergereicht und vom nächsten Teilnehmer ergänzt. Im Einzelnen setzt sich diese Kreativitätstechnik aus den Schritten
- Vorbereitung
- Ideenfindung
- Bewertung

zusammen. Die einzelnen Phasen werden wie folgt durchgeführt:

Vorbereitung
Für die Durchführung der Methode 6-3-5 wird zunächst jedem Teilnehmer ein vorbereitetes Blatt Papier ausgeteilt. Auf diesem befindet sich eine Blankotabelle, die aus drei Spalten und sechs Reihen besteht. Es ist von Vorteil, wenn alle Teilnehmer gemeinsam an einem Tisch sitzen.
Das Verfahren beginnt mit der Vorstellung und Diskussion des Problems. Die gemeinsam gefundene Definition wird anschließend als Überschrift über die Tabelle gesetzt. Dort werden auch die Namen der Teilnehmer aufgeführt.

Ideenfindung
Nun schreibt jeder Teilnehmer auf seinem Blatt in die drei Zellen der obersten Reihe drei Ideen, die zur Lösung des gestellten Problems dienen können. Dies sollte innerhalb von etwa fünf Minuten geschehen.
Anschließend reicht jeder Teilnehmer das Blatt an seinen Nachbarn weiter. Dieser fügt nun in die nächste Reihe wiederum drei Ideen an, die sich aus den Einfällen des Vorgängers ableiten, darauf aufbauen oder einfach nur durch diese angeregt werden. Auch dieser Durchgang dauert in etwa fünf Minuten.

Der Vorgang wird so oft wiederholt, die Blätter werden also so lange weitergereicht, bis alle sechs Reihen der Tabelle ausgefüllt sind. Auf diese Weise können in ungefähr 30 (6 mal 5) Minuten insgesamt 108 (6 mal 18) Ideen zur Lösung des vorgelegten Problems gefunden werden.

Auswertung

Wenn alle Zellen der vorbereiteten Formulare ausgefüllt sind, werden diese noch einmal an die Teilnehmer verteilt. Jeder liest die gefundenen Ideen durch und markiert mit einem Kreuz diejenigen drei Kästchen, die seiner Meinung nach die besten Vorschläge und Anregungen zur Problemlösung enthalten. Auf diese Weise erhält man pro Blatt 18 Markierungen. Als Diskussionsgrundlage und zur Weiterentwicklung der einzelnen Ideen mithilfe einer anderen Kreativitätstechnik werden diejenigen Ideen herausgefiltert, die die meisten Kreuze auf sich vereinigen.

Alternativ, aber etwas aufwendiger, ist ein Punktesystem zur Bewertung der Ideen. Jedem Einfall wird hierbei eine Punktzahl zwischen 0 und 3 gegeben. Die Gesamtsumme der Punkte pro Idee ist dann entscheidend dafür, ob der Vorschlag in die engere Wahl genommen und weiterentwickelt wird.

Was Sie noch über die Methode 6-3-5 wissen sollten

Wie bei allen intuitiven Methoden ist darauf zu achten, dass alle Teilnehmer die Grundregeln einhalten. Während der schriftlichen Ideenfindung sollte auf Bemerkungen und Diskussionen verzichtet werden. Mit zunehmender Dauer der Sitzung muss die Zeitspanne für das Ausfüllen der Zellen unter Umständen verlängert werden – zum einen, weil mehr Zeit erforderlich ist, um die Ideen der Vorgänger lesen bzw. aufnehmen zu können und sich davon anregen zu lassen, zum anderen weil Spontaneität und Kreativität im Laufe der Sitzung eventuell nachlassen. Es ist auch erlaubt, einige Kästchen des Formulars leer zu lassen, wenn einem Teilnehmer in der vorgegebenen Zeit zu einer bestimmten Vorgabe nichts einfällt oder es ihm nicht gelingt, eine vom Vorgänger völlig unabhängige, neue Idee zu notieren. „Überzählige“ Ideen können auf zusätzlichen Blättern notiert und als Anregung in der Mitte des Tisches ausgelegt werden.

Rainer Werner Fassbinder – Kantiger Vollblut-Cineast

Name: Rainer Werner Fassbinder
Geburtsdatum: 31. Mai 1945
Todesdatum: 10. Juni 1982
Geburtsort: Bad Wörishofen/Bayern
Regisseur, Produzent

Fassbinder zeichnet wie viele Kreative die Gabe aus, verschiedenste Funktionen im Umfeld der gewählten Berufung auf hohem Niveau wahrnehmen zu können. Der überzeugte Hut-Träger arbeitete sowohl als Schauspieler, Regisseur, Autor und Produzent als auch bei zwei Filmen als Kameramann. In einer nur kurzen Schaffensperiode schrieb Fassbinder 30 Theaterstücke, führte bei gut 40 Filmen Regie und schrieb die Drehbücher, stand aber auch in zahlreichen Filmen vor der Kamera. Neben schwer zugänglichen, umstrittenen Werken wie *Acht Stunden sind kein Tag* erreichte Fassbinder beispielsweise mit der Verfilmung des Alfred-Döblin-Romans *Berlin Alexanderplatz* für das Fernsehen mit dreizehn Folgen ein größeres Publikum. Auch sein Film *Lili Marleen* kam beim Kinopublikum hervorragend an. Neben seinen Erfolgen war Fassbinder aber auch gekennzeichnet von der Last und Verzweiflung vieler kreativer Menschen, die im Widerspruch des eigenen Anspruchs und den Begrenzungen der Realität begründet liegt. Im Juni 1982 starb er an einer Mischung aus Kokain und Schlaftabletten in seiner Wohnung in München.

Kreativitätsrezept

Jeder Schauspieler, der sich auf Fassbinder einließ, wusste, dass der Regisseur im Namen der Kunst viel forderte und bis an die Grenzen ging. Der Lohn der Anstrengung war in vielen Fällen eine symbiotische Beziehung mit seinen Schauspielern. Besonders mit der Darstellerin Hanna Schygulla bildete Fassbinder eine kongeniale Einheit. Dem bayerischen Kino-Maniac gelang es auch, eine eigene Bildsprache zu entwickeln und zumindest zum Teil einen Trend selber zu kreieren, der ihn weiter mit nach oben brachte: Mit seinen oft provokanten filmischen Arbeiten brachte er den deutschen Film auch international wieder ins Gespräch.

Vor- und Nachteile der Methode 6-3-5

Die Methode 6-3-5 bietet – je nach Zusammensetzung der Gruppe – erhebliche Vorteile, aber auch gewisse Nachteile für die verschiedenen Teammitglieder. Positiv ist die Tatsache, dass der Teamgeist gefördert wird, weil die Mitglieder der Gruppe sich aufeinander einlassen und die kreativen Fähigkeiten der anderen für ihre eigene Kreativität nutzen können. Durch die schriftliche Form der Ideenfindung wird verhindert, dass einzelne Teilnehmer aufgrund ihrer rhetorischen Überlegenheit die Gruppe dominieren bzw. dass weniger extrovertierte Mitarbeiter nicht zum Zuge kommen. Einfälle und Vorschläge werden nicht schon im Vorfeld diskutiert und abgewertet und können so durch Weiterentwicklung als Grundlage für zusätzliche Ideen dienen.
Negativ kann sich bei dieser Technik auswirken, dass die Teilnehmer sich durch den engen Zeitrahmen unter Druck gesetzt fühlen und durch diese Blockade ihren Ideenreichtum nicht voll entfalten können. Auch kann ein unterschiedliches Arbeitstempo die langsameren Teilnehmer verunsichern. Die Praxis hat jedoch gezeigt, dass sich diese Nachteile beim wiederholten Einsatz der Methode verlieren und durch die Vorteile ausgeglichen werden. Im Gegenteil: Viele Teammitglieder sind überrascht, wie viel Kreativität und Produktivität durch die Methode 6-3-5 freigesetzt wird und wie schnell und mit wenig Aufwand praktikable Lösungen für vorhandene Probleme gefunden werden können.

Fallbeispiel

Das Beispiel zeigt den Aufbau des Formulars, das für die Methode 6-3-5 erforderlich ist. Es lässt sich mit der Tabellenfunktion einer Textverarbeitungssoftware leicht erstellen und wird gegebenenfalls bereits mit den Namen der Teilnehmer versehen. In diesem Beispiel ist die Ideenfindung bereits abgeschlossen. Der nächste Schritt wird sein, dass die Teilnehmer nacheinander diejenigen Ideen mit einem Kreuz versehen, die ihrer Meinung nach am besten dafür geeignet sind, neue Zielgruppen für das Produkt zu erschließen. Dies geschieht bei allen sechs Formularen, die die Runde gemacht haben. Die Vorschläge mit den meisten Kreuzen dienen dann als Gerüst für die Weiterentwicklung der Problemlösung.

Problemdefinition: Wie finden wir neue Zielgruppen für unser Produkt „Tiefkühlspinat"? **Teilnehmer:** Hr. Becker, Hr. Schmitz, Fr. Meyer, Fr. Schulze, Hr. Fischer, Fr. König		
Becker: Produktnamen ändern	Becker: Zubereitung vereinfachen	Becker: Gesundheitsaspekt
Schmitz: Popeye	Schmitz: Singlehaushalt	Schmitz: Aufschrift: cholesterinfrei
Meyer: Comic auf Verpackung	Meyer: Kochbeutel – Topf spülen entfällt	Meyer: Ökoanbau
Schulze: Mehrteilige Comicserie	Schulze: in Alubehälter – kein Topf notwendig	Schulze: Werbung in Ökozeit-schriften
Fischer: Gutschein für separates Comic-Heft	Fischer: Alubehälter mit separaten Beilagen (Schafskäse, Garnelen etc.)	Fischer: Imageänderung in Richtung Lifestyle
König: Gutschein für Sammelbilder	König: Komplettmahlzeit	König: Rezepte für „Gourmet"-Zubereitung

Übung

Aufgrund der Konkurrenz durch die großen Warenhausketten ist der Umsatz des Damenmoden-Fachgeschäftes „La Belle" stark gesunken. Die Geschäftsleitung sucht nach Ideen, wie sie diesem Trend entgegenwirken kann. Helfen Sie ihr dabei und füllen Sie das nachstehende Formular mit Ihren eigenen Vorschlägen.

Problemdefinition: **Teilnehmer A, B, C, D, E, F**		
A:	A:	A:
B:	B:	B:
C:	C:	C:
D:	D:	D:
E:	E:	E:
F:	F:	F:

2.6 Kollektives Notizbuch

Auf einen Blick

Besonders geeignet für: Problemanalyse und Lösungssuche komplexer Fragestellungen
Teilnehmerzahl: unbegrenzt
Zeitaufwand: 2 bis 4 Wochen
Nötige Hilfsmittel: je nach Variante ein Notizbuch pro Teilnehmer oder ein gemeinsamer Ordner (auch virtuell) für alle Teilnehmer
Besonderheiten: Die Teilnehmer sind räumlich und zeitlich voneinander unabhängig.

Das Kollektive Notizbuch ist eine sehr spezielle Form der intuitiven Kreativitätstechniken, denn es ermöglicht einer unbegrenzten Zahl von Gruppenteilnehmern, die zudem nicht zur selben Zeit am selben Ort sein müssen, die intensive Auseinandersetzung mit einem gestellten Problem, wobei Problemanalyse und Lösungsfindung gleichermaßen berücksichtigt werden.
Der Amerikaner John Haefele, damals Mitarbeiter bei der Firma Procter & Gamble, entwickelte in den 1960er-Jahren die Grundform dieser Methode. Das Kollektive Notizbuch hat seitdem verschiedene Varianten erhalten, so zum Beispiel durch Alan Pearson, der Ende der 1970er-Jahre anregte, die Notizbücher nach zwei Wochen zwischen den Gruppenteilnehmern auszutauschen und dadurch die Ideenfindung weiter anzuregen. Die moderne elektronische Kommunikationstechnik ermöglicht es mittlerweile auch, ein „virtuelles Notizbuch" anzulegen, zu dem jeder Mitarbeiter einer Abteilung im Intranet seiner Firma Zugang erhält. Hier hat er die Möglichkeit, seine Überlegungen und Anregungen zum definierten Problem zu hinterlassen.

Vorgehensweise

Die konkrete Vorgehensweise beim Kollektiven Notizbuch hängt davon ab, ob man die Technik mit verschiedenen oder mit einem einzigen Notizbuch wählt. Die Schritte beider Methoden sind identisch: Zuerst erfolgt eine Sammlung der verschiedenen Beiträge in schriftlicher Form, anschließend werden die Notizen gesichtet und ausgewertet.

Vorgehensweise 1 – Jeder Teilnehmer besitzt sein eigenes Notizbuch
Alle Mitglieder der Gruppe erhalten im Vorfeld ein Notizbuch, auf dessen erster Seite das vorhandene Problem bzw. die Aufgabenstellung genau definiert ist. Im Laufe der festgelegten Zeit notiert jeder Teilnehmer sämtliche Einfälle, die er zu diesem Thema hat – sowohl hinsichtlich der Analyse oder Bestandsaufnahme des Problems als auch in Bezug auf die möglichen Lösungswege.
Der Zeitrahmen sollte etwa zwei bis vier Wochen umfassen. Bei einer kürzeren Dauer bleibt den Teilnehmern nicht genügend Zeit, sich intensiv mit der Fragestellung zu befassen. Ist der Zeitraum jedoch zu lange angesetzt, besteht die Gefahr, dass einzelne Gruppenmitglieder sich verzetteln, die Motivation verloren geht oder das Projekt in Vergessenheit gerät.
Es hat sich als besonders vorteilhaft erwiesen, wenn alle Teilnehmer ihr Notizbuch möglichst ständig bei sich tragen, um jederzeit Geistesblitze und Ideen notieren zu können. Auf diese Weise kommt eine der Besonderheiten dieser Methode besonders zum Tragen, nämlich die Tatsache, dass das Gehirn häufig Lösungen zu einem bestimmten Problem ausgerechnet dann erzeugt, wenn man sich gerade nicht damit beschäftigt. Es kann also durchaus während der Erledigung normaler Routinetätigkeiten zu spontanen Eingebungen zu einem Problem kommen, das mit der momentanen Arbeit gar nichts zu tun hat. Dann ist es hilfreich, wenn das Notizbuch schnell zur Hand ist und Einträge sofort vorgenommen werden können.
Eine nützliche Vorgabe der Methode ist es, nicht nur spontane Ideen in das Notizbuch aufzunehmen, sondern sich auch bewusst und regelmäßig mit der Thematik zu beschäftigen. Jedes Gruppenmitglied erhält die Auflage, mindestens einmal pro Tag eine Eintragung in sein Notizbuch zu machen. Das führt dazu, dass die Teilnehmer sich nicht nur intuitiv, sondern auch aktiv mit dem vorgegebenen Thema auseinandersetzen. So ergeben sich Lösungen nicht nur „en passant", sondern werden intensiv und zielgerichtet erarbeitet.

Vorgehensweise 2 – Es gibt ein gemeinsames Notizbuch für alle Teilnehmer
In diesem Falle liegt an einem Ort, der für alle Teilnehmer der Gruppe gleichermaßen gut zugänglich ist, ein Ordner oder Notiz-

buch aus. Auf den ersten Seiten finden sich eine genaue Definition des Problems bzw. die Aufgabenstellung sowie die Zielsetzung der Vorgehensweise. Es folgen Hinweise, die den zukünftigen Benutzern die wichtigsten Regeln der Methode noch einmal verdeutlichen. Wichtig ist auch eine genaue Angabe des Zeitpunktes, bis zu dem das Kollektive Notizbuch ausliegen wird. Nun können alle Mitarbeiter jederzeit Einträge in den Ordner vornehmen und ihren Gedanken zur Aufgabenstellung freien Lauf lassen.

Gegenüber der zuerst genannten Vorgehensweise hat diese Form des Kollektiven Notizbuches den Vorteil, dass die Teilnehmer von ihren Ideen gegenseitig angeregt werden und ihre Einträge aufeinander aufbauen können. Andererseits ist es bei dieser Methode natürlich nicht möglich, zu jeder Zeit und an jedem Ort Gedanken und Einfälle zu notieren.
Die moderne Kommunikationstechnik macht aber auch eine Kombination der beiden Methoden möglich. Das virtuelle Kollektive Notizbuch wird beispielsweise im Intranet eines Unternehmens oder auf einem speziellen Server eingerichtet. Die Teilnehmer haben mittels eines eigenen Passwortes Zugang zum besagten Ordner und können sowohl am Arbeitsplatz als auch am PC zu Hause Einträge lesen oder Ideen und Anregungen hinzufügen.

Auswertung
Nach Ablauf des festgesetzten Zeitraumes werden die Notizbücher oder der gemeinsame Ordner analysiert und alle Eintragungen, die zur Lösung des Problems wirkungsvoll beitragen können, zusammengestellt. Dies kann in einer oder mehreren Sitzungen mit allen beteiligten Personen erfolgen. Es ist aber auch möglich, ein Gremium zu bestimmen, welches die Analyse vornimmt und die weitere Vorgehensweise abstimmt. Dies ist besonders bei sehr großen Gruppen bzw. einer großen Anzahl von Notizbüchern sinnvoll.

Was Sie noch über die Technik des Kollektiven Notizbuches wissen sollten

Die Technik des Kollektiven Notizbuches hat den besonderen Vorteil, dass auch diejenigen Mitglieder einer Gruppe, die zeitlich stark eingespannt sind, am Verfahren der Ideenfindung teilnehmen können. Auch ist es nicht erforderlich, dass sich alle Teilnehmer am selben Ort aufhalten. Auf diese Weise kann die kreative Entfaltung jedes einzelnen Teammitglieds optimal genutzt werden; zudem entfällt der Stress, in einer zeitlich festgelegten Sitzung Ergebnisse produzieren zu müssen, was zu Denkblockaden führen kann. Die relativ lang angesetzte Zeitspanne ermöglicht eine intensive Beschäftigung mit der Problemstellung und trägt auch der Tatsache Rechnung, dass Ideen oft nicht auf Befehl, sondern ganz spontan in einem anderen Kontext entstehen. Wichtige Voraussetzungen für eine erfolgreiche Problemlösung sind jedoch der Wille der Teilnehmer, sich mit der gegebenen Thematik intensiv auseinanderzusetzen und die Selbstdisziplin, regelmäßige Eintragungen vorzunehmen. Wenn diese Vorgaben eingehalten werden, wird das Kollektive Notizbuch mit großer Wahrscheinlichkeit optimale Ergebnisse hervorbringen.

Übung

Die „Leipziger Spar- und Darlehenskasse" muss feststellen, dass ihre Kunden mit dem neu eingerichteten Call-Center-Service unzufrieden sind. Es ist also zum einen notwendig, den Service für die Kunden zu verbessern, zum anderen müssen die Call-Center-Mitarbeiter motiviert werden, bessere Leistungen zu erbringen. Da dies einen großen Mitarbeiterkreis betrifft, beschließt die Geschäftsführung, ein virtuelles Kollektives Notizbuch im Intranet einzurichten.

Ihre Aufgabe:

Erstellen Sie die ersten Seiten dieses Kollektiven Notizbuches anhand der folgenden Vorgaben:

Allgemein:

- Problemdefinition
- Ziel der Aktion
- Zeitrahmen
- Hinweise für die Benutzer (Tipp: Beachten Sie die Goldenen Regeln auf Seite 31!)

Spezifisch:

- Problemanalyse (Beispiele)
- Lösungswege (Beispiele)

2.7 Karten-Technik

Auf einen Blick

Besonders geeignet für: Problemanalyse, Lösungssuche sowie Bewertung und Strukturierung von Problemlösungen innerhalb einer Sitzung
Teilnehmerzahl: Gruppe von 4 bis 10 Personen, Moderation erforderlich
Zeitaufwand: ca. 15 bis 30 Minuten pro Phase, d.h. maximal 90 Minuten für einen Durchgang
Nötige Hilfsmittel: Stellwand, große Karteikarten (eventuell farbig und in verschiedenen Formen), dicke Filzschreiber, Pinnnadeln, u.U. zusätzliches Whiteboard oder Flipchart
Besonderheiten: visuelle Darstellung ermöglicht schnelle Strukturierung der gefundenen Problemlösungen; fördert die Beteiligung von Teammitgliedern, die sich nicht gerne verbal in einer Gruppe äußern

Die Karten-Technik, die Ende der 1960er-Jahre von der Firma Metaplan ursprünglich zur Gesprächs- oder Verhandlungsmoderation entwickelt wurde und heute häufig für diese Zwecke eingesetzt wird, eignet sich gleichermaßen als Brainwriting-Variante zur Ideenfindung. Dies gilt besonders für Gruppen, die aufgrund ihrer Struktur eher heterogen sind, d.h., bei denen die Teilnehmer viele unterschiedliche Voraussetzungen und Kompetenzen mitbringen.
Bei der Karten-Technik haben alle Teilnehmer die gleichen Chancen, ihre Ideen zu entwickeln und zu artikulieren; so kann jedes Mitglied des Teams aktiv am Prozess der Problemlösung mitarbeiten. Zudem ermöglicht diese Methode die Visualisierung der Aufgabenstellung und vereinfacht damit die Strukturierung und Ausarbeitung der notwendigen Lösungsprozesse.

Vorgehensweise

Bei der Karten-Technik notieren die Teilnehmer ihre Ideen auf großen Karteikarten. Diese werden anschließend für alle sichtbar aufgehängt, nach festgelegten Kriterien oder sich abzeichnenden Themen (Clustern) sortiert und anschließend durch Vergabe einer Rangfolge ausgewertet und weiterentwickelt. Der gesamte Prozess der Karten-Technik umfasst vier Schritte:

- Vorbereitung
- Problemanalyse
- Ideensammlung
- Auswertung

Vorbereitung

Der Zeitrahmen für eine Sitzung sollte nicht zu knapp bemessen sein, damit für jeden Schritt ausreichend Freiraum vorhanden ist. Sowohl die Lösungssuche als auch die Strukturierung bringen bessere Ergebnisse, wenn nicht mit Blick auf die Uhr gearbeitet wird.

Der Einstieg in die thematische Problematik gelingt schneller, wenn bereits alle Materialien zu Beginn der Sitzung vorbereitet sind. Je nach Anzahl der Teilnehmer benötigt man eine oder mehrere Stellwände, auf denen später die Ideenkarten für alle gut sichtbar befestigt werden. Es hat sich bewährt, die in der ersten Phase der Sitzung zu bearbeitende Problemstellung auf einem zusätzlichen Flipchart oder einem Whiteboard zu notieren, damit sie den Teilnehmern während der gesamten Dauer deutlich vor Augen steht. Die Ideenkarten können zur inhaltlichen Unterscheidung verschiedene Farben oder Formen (rechteckig, oval, sechseckig, wolkenförmig etc.) haben. In diesem Fall wird es erforderlich sein, die Karten aus farbigem Karton selbst zuzuschneiden. Vermeiden Sie jedoch zu viele unterschiedliche Farben oder Symbole – dies führt eher zu weniger als zu mehr Transparenz. Die Karten sollten von heller Farbe, die benutzten Stifte dagegen dunkel sein, damit die Ergebnisse auch aus der Distanz noch gut lesbar sind. Auch ist es wichtig, dass alle Teilnehmer deutlich schreiben, am besten in Druckbuchstaben mit Groß- und Kleinschreibung; die gefundenen Ideen sollten zudem nicht nur in Schlagworten, sondern in Halbsätzen oder kurzen ausformulierten Sätzen notiert werden. Wenn nun auch noch die Sitzordnung so eingerichtet ist, dass alle Teilnehmer sowohl einen bequemen Platz zum Schreiben als auch einen guten Blick auf die Stellwände haben, steht dem Beginn der Sitzung nichts mehr im Weg.

TIPP

Spezielle Kästen, in denen bereits alle notwendigen Materialien enthalten sind, können u. a. über www.metaplan.de bezogen werden.

Coco Chanel – ihrer Zeit voraus

Name: Gabrielle Chanel, alias Coco Chanel
Geburtsdatum: 19. August 1883
Todesdatum: 10. Januar 1971
Geburtsort: Saumur, Auvergne/Frankreich
Modeschöpferin

Der Werdegang von Coco Chanel würde wohl auch in heutigen Zeiten, in denen selbstbewusste Geschäftsfrauen zur Selbstverständlichkeit geworden sind, als sehr außergewöhnlich gelten. Sie wurde als uneheliches Kind in ärmlichen Verhältnissen geboren und nach dem Tod ihrer Mutter in einem Waisenhaus untergebracht. Danach verdiente sie als Näherin ihr erstes Geld und schlug sich später als Sängerin und Tänzerin in verschiedenen Clubs durch. Erst als ihr ein vermögender Verehrer einen Kredit gab, konnte sie sich mit einem Hutgeschäft, in dem sie eigene Entwürfe verkaufte, selbstständig machen. Nachdem sie für Kunden auch Kleider entworfen hatte – in damals ungewohnt klassischem, schlichtem Stil – , eröffnete sie 1914 in Deauville und dem noblen Biarritz eigene Boutiquen. 1919 folgte ein Modesalon in Paris. Ihre Kleidungsstücke entwickelten sich in der schillernden Metropole zum „Must Have" für modebewusste Frauen. Das ist noch heute der – gelegentlich erfüllte – Traum junger Designer. Schon zu dieser Zeit stellte die Verbindung edler Kleidung und betörender Düfte eine quasi natürliche Einheit dar. Mit „Chanel N° 5" schuf die Selfmade-Frau 1923 einen Klassiker, der noch dieser Tage Millionen Menschen weltweit in seinen Bann zieht.

Erfolgsrezept

Die Botschaft, die Coco Chanel den zahllosen kreativen Firmengründern mit auf den Weg geben kann: Mache das Beste aus dem Wenigen, das du hast. Erkenne deine Gaben und nutze auch unkonventionelle Wege, um an dein Ziel zu gelangen. Wer durch witzige, teils radikale Neukreationen – wie die ersten Pyjamas für Frauen oder später an Uniformen angelehnte Designs – den Geschmack einer zahlungskräftigen Avantgarde trifft, hat gute Chancen, zum breit akzeptierten Trendsetter zu werden.

Problemanalyse
Die Sitzung beginnt mit der Erörterung des Problems. Der Moderator stellt das Problem vor und entwickelt mithilfe aller Teilnehmer eine prägnante Problemdefinition oder eine sich daraus ergebende konkrete Aufgabenstellung. Diese wird so notiert, dass sie für alle Teilnehmer während der gesamten Sitzung deutlich zu sehen, also visuell präsent ist. Um den Unterschied zwischen Problemdefinition und Aufgabenstellung zu verdeutlichen, folgt hier ein Beispiel aus der Praxis.
Die Firma „Blumen Lampert" wird in diesem Jahr ihr 50. Firmenjubiläum begehen. Dazu soll eine Veranstaltung stattfinden, bei der sowohl die Angestellten als auch die Kunden mitfeiern. Die Problemdefinition könnte in diesem Fall lauten: „Organisation der Feierlichkeiten zum 50. Jubiläum unserer Firma". Konkreter und zugleich zielgerichteter ist eine genau definierte Aufgabenstellung wie z. B. „Wie gestalten wir unsere Feier zum 50. Firmenjubiläum, sodass diese für uns und unsere Kunden zu einem unvergesslichen Erlebnis wird?"

Ideensammlung
Der zweite Schritt der Karten-Methode besteht nun darin, dass jeder Teilnehmer auf den Karteikarten alle Ideen notiert, die ihm zum genannten Problem einfallen und die dazu beitragen können, die gestellte Aufgabe zu erfüllen. Vorher wird festgelegt, wie viel Zeit für diesen Schritt veranschlagt wird. Je nach Komplexität des Problems können dies 15 bis 30 Minuten sein. Pro Idee wird eine eigene Karte ausgefüllt, wobei die vorher besprochenen Regeln eingehalten werden sollten (deutliche Schrift, keine Schlagworte usw.).
Werden farbige oder unterschiedlich geformte Karten benutzt, wird vor Beginn der Sitzung festgelegt, welcher Farbe bzw. Form welche Bedeutung zukommt. In unserem Beispiel könnte dies folgendermaßen aussehen: grüne/wolkenförmige Karten für Ideen bezüglich der Gestaltung der Feier (Tag der offenen Tür, Tombola, Gewinnspiel, Büffet etc.); gelbe/ovale Karten für organisatorische Dinge (Datum, Dauer, Form der Einladungen etc.); rote/rechteckige Karten für Vorbehalte bzw. Gesichtspunkte, die unbedingt beachtet werden müssen (Kosten, Anzahl der Gäste, Aufwand, Umsetzbarkeit etc.).

Diese Vorgaben sollten im Allgemeinen nur bei Gruppen angewendet werden, die mit der Karten-Technik schon Erfahrung gesammelt haben und denen diese Art der Vorstrukturierung geläufig ist. Neulinge sollten jedoch spontan alle Einfälle und Gedanken notieren, ohne lange darüber nachzudenken, in welche Kategorie sie ihre Idee einordnen müssen. Dadurch kann die Spontaneität blockiert werden. Je mehr Ideen nach Abschluss dieses Schrittes entstanden sind, desto größer ist die Wahrscheinlichkeit, dass anhand der gefundenen Möglichkeiten eine geeignete Problemlösung erarbeitet werden kann.

Auswertung

Wenn alle Teilnehmer in der vorgegebenen Zeit möglichst viele Karten ausgefüllt haben, folgt der dritte Schritt, nämlich die Auswertung. Der Moderator sammelt die Karten ein, liest sie nach und nach vor und befestigt alle Karten gut sichtbar an den vorhandenen Stellwänden. Jetzt hat jedes Teammitglied sämtliche Vorschläge vor Augen und es kann mit der Sortierung und Gruppierung begonnen werden. Alle Anregungen, die thematisch eng beieinander liegen, werden auch auf den Stellwänden nebeneinander gruppiert. Wenn farbige oder verschieden geformte Karten benutzt worden sind, wird dieser Schritt vereinfacht, da die Karten bereits beim ersten Aufhängen thematisch sortiert werden können. Im anderen Fall werden diejenigen Karten zusammengehängt, die ähnliche oder sogar dieselben Gedanken enthalten. Es entstehen sogenannte Cluster oder Gruppen von Einfällen und Anmerkungen, denen auf einer zusätzlichen Karte ein Oberbegriff zugeordnet werden kann. Auf unser Beispiel bezogen wären dies die bereits genannten Kategorien „Gestaltung“, „Organisation“, „Vorbehalte“, ergänzt zum Beispiel durch Kategorien wie „Voraussetzungen“ (dazu gehören Wetter, Örtlichkeit, Engagement der Mitarbeiter) oder „Alternativen“ (Spenden statt Feiern, Betriebsausflug statt Feier mit Kunden usw.).
Innerhalb der einzelnen Cluster wird nun wiederum durch Gruppendiskussion eine Rangfolge der Ideen erstellt, wobei diejenigen Möglichkeiten, die der Problemlösung am dienlichsten sind, in der Reihenfolge ganz oben platziert werden. Mittels der so entstandenen Struktur kann im weiteren Verlauf der Sitzung ein konkretes Konzept für die Aufgabenstellung erarbeitet werden.

Übung

Als Anfänger in dieser Technik können Sie nun anhand der bereits vorgegebenen Kategorien Gestaltung – Organisation – Vorbehalte – Voraussetzungen – Alternativen Ihre eigenen Ideen zum Thema „Jubiläumsfeier" festhalten. Üben Sie das Niederschreiben Ihrer Einfälle auf eigenen Karteikarten, um die wichtigsten Kriterien (Formulierung, große und gut lesbare Schrift) gleich zu verinnerlichen.

Wenn Sie sich bereits zu den Fortgeschrittenen zählen, dann wählen Sie als Thema eine Variante der Aufgabenstellung und organisieren Sie den „Tag der offenen Tür" bei der Möbelschreinerei Brettschneider. In diesem Fall sind Ihnen keinerlei Cluster vorgegeben; sammeln Sie also Ihre Ideen spontan und sortieren Sie sie anschließend nach eigenen Kriterien. Ganz professionell wird Ihre Übung, wenn Sie nun auch noch die Rangfolge der gefundenen Lösungsmöglichkeiten festlegen und der Firma Brettschneider ein fertiges Konzept für ihren Tag der offenen Tür erstellen.

2.8 Flip-Flop-Technik

Auf einen Blick

Besonders geeignet für: Probleme mit konkreter Fragestellung; Verbesserung einer schlechten Ausgangssituation; als neuer Impuls für festgefahrene Diskussionen
Teilnehmerzahl: Gruppe von 5 bis 8 Personen, Moderator erforderlich
Zeitaufwand: 60 bis 90 Minuten
Nötige Hilfsmittel: Flipchart
Besonderheiten: nutzt die Eigenart des Menschen, Negatives schneller zu erfassen als Positives; löst Spannungen innerhalb des Teams

Die Flip-Flop-Technik, auch Kopfstand- oder Umkehrtechnik genannt, macht sich die Tatsache zu Nutze, dass Menschen generell dazu neigen, das Haar in der Suppe, also Probleme, Fehler und Widerstände eines Projektes oder einer Aufgabenstellung schneller zu sehen als solche Kriterien, die sich positiv oder gewinnbringend auswirken. Dies gilt besonders dann, wenn die Ausgangssituation schon geraume Zeit schlecht ist und verschiedene Maßnahmen zur Verbesserung bisher fehlgeschlagen sind. Mit der Flip-Flop-Technik wird die ursprüngliche

Aufgabenstellung ins absolute Gegenteil verkehrt und die Kreativität zur Lösungsfindung erhält auf verblüffende Weise neue Impulse.

Vorgehensweise

Vorgehensweise und Ablauf einer Sitzung, bei der die Flip-Flop-Technik angewendet wird, ähneln der eines Brainstormings.

Folgende vier Phasen werden durchlaufen:
- Aufgabenstellung und Umkehrung
- Ideenfindung
- Auswertung und Ergebnisanalyse
- Strategieentwicklung

Aufgabenstellung und Umkehrung
Im ersten Schritt der Flip-Flop-Technik präsentiert der Moderator das bestehende Problem. In einer anschließenden Diskussion gehen die Teilnehmer diesem Problem auf den Grund und einigen sich auf eine treffende Problemdefinition. Jetzt setzt die Flip-Flop-Technik ein, denn nun wird diese Definition bzw. diese Aussage in ihr genaues Gegenteil verkehrt. Ein praktisches Beispiel: Die Firma Alpenquelle, Abfüller von Mineralwasser und Hersteller von Erfrischungsgetränken, hat trotz des heißen Sommers starke Absatzeinbußen hinnehmen müssen. Im Laufe der Eingangsdiskussion stellt sich heraus, dass dies wohl am schlechten Image der Getränke liegt, das als verstaubt gilt, weil die Firma den Trend zu den neuen „Fitness"-Getränken verschlafen hat. Das Problem lautet also: „Wie können wir das Image unserer Getränke verbessern?" Stellen Sie sich jetzt gedanklich auf den Kopf – und wie lautet die Aussage nun? Sie lautet: „Was müssen wir tun, um das Image unserer Getränke zu verschlechtern?"

Die gefundene Aussage wird in großer Schrift als Aufgabenstellung auf einem Flipchart notiert. Die erste Phase der Flip-Flop-Technik ist damit abgeschlossen. Sie dauert normalerweise etwa 20 bis 25 Minuten.

Ideenfindung
Nun beginnt die Phase der Ideenfindung. Jeder Teilnehmer ruft dem Moderator seine Einfälle zu; diese werden gut sichtbar auf

dem Flipchart festgehalten. Bei diesem Schritt sollte der Moderator besonders darauf achten, dass die Regeln der intuitiven Kreativitätstechniken, wie sie zu Beginn des Kapitels definiert wurden, genau eingehalten werden. Auch ist es seine Aufgabe, die Beiträge so zu moderieren, dass auch die zurückhaltenden Teilnehmer ausführlich zu Wort kommen. Die Flip-Flop-Technik lässt erfahrungsgemäß die Ideen sprudeln und führt oft zu großem Spaß im Team – der Moderator muss also unter Umständen dafür sorgen, dass vor lauter Heiterkeit nicht zu weit vom Thema abgewichen wird. Auf der anderen Seite werden diese Ungezwungenheit und die ungewohnte Sichtweise mit Sicherheit zu einer sehr großen Anzahl von Ideen führen.

Auch den Mitarbeitern der Alpenquelle ist etliches eingefallen, was dazu beitragen kann, dem Image ihrer Getränke zu schaden. Zum Beispiel: „Geschmack verschlechtern, mehr Nitrat ins Mineralwasser, schwere Glasflaschen, altmodische Etiketten, viele Kalorien – viel Zucker –, viele künstliche Aromastoffe, hoher Preis, undichte Verschlüsse, langweilige Namen ..."

Erfahrungsgemäß versiegen nach etwa 20 Minuten der Ideenfindungsphase die spontanen Einfälle allmählich. Hier sollte das Team aber nicht gleich aufgeben, sondern eine kurze (Kaffee-) Pause einlegen. Nach einem solchen Zwischenstopp kommt es fast immer noch einmal zu einer neuen Welle der Kreativität. Wenn der Moderator den Eindruck hat, dass eine ausreichende Zahl von Beiträgen gesammelt werden konnte, schließt er den zweiten Schritt der Flip-Flop-Technik ab. Dies wird im Normalfall nach insgesamt 40 bis 50 Minuten der Fall sein.

Auswertung und Ergebnisanalyse

Bei der Auswertung werden die gesammelten Ergebnisse noch einmal gesichtet und nach verschiedenen Gesichtspunkten sortiert. Zunächst muss sich das Team in Selbstkritik üben, denn es gilt, diejenigen Ideen herauszufiltern, die tatsächlich der Ist-Situation entsprechen. Hat das Mineralwasser der Alpenquelle nicht wirklich einen zu hohen Nitratgehalt und wird daher von Familien mit Kleinkindern gemieden? Ist das Etikett der Fruchtlimonade nicht tatsächlich völlig veraltet und spricht junge Leute nicht an?

Wenn alle vorhandenen Schwachpunkte aus der Ideenliste herausgefiltert sind, bleibt eine Aufzählung von Einfällen übrig, die zwar

nicht der Realität entsprechen, deren Gegenteil aber auf jeden Fall angestrebt werden sollte. Man erhält also eine Reihe von Zielen oder Soll-Situationen, deren Erreichung für die Problemlösung wichtig ist. Die derzeitigen Flaschen der Alpenquelle sind zwar nicht schwerer als üblich, aber die Kunden bevorzugen heutzutage leichte PET-Flaschen. Die Flaschenverschlüsse entsprechen zwar der handelsüblichen Norm, aber man könnte Pluspunkte sammeln, wenn man Verschlüsse entwickelt, die auch für Kinder leicht zu öffnen und trotzdem zuverlässig wieder verschließbar sind, damit nicht jeden zweiten Tag die Flasche im Schulranzen ausläuft.
Am Ende der Ergebnisanalyse hat die Gruppe also zwei unterschiedliche Kategorien von Aussagen, die in eine konkrete Strategieentwicklung münden: Aussagen zur Ist-Situation, die es zu verändern gilt, und Aussagen zur Soll-Situation, die die Firma verwirklichen möchte.

Strategieentwicklung
Die Strategieentwicklung ist im Fall der Flip-Flop-Technik relativ einfach zu realisieren, weil die Vorgaben sehr konkret sind. Die Firma Alpenquelle kann einen ganz gezielten Aufgabenkatalog erstellen, mit dem es ihr gelingt, das Image ihrer Getränke zu verbessern und damit den Absatz zu steigern. Dieser könnte beispielsweise so aussehen:

- Der Nitratgehalt des Mineralwassers muss überprüft und möglicherweise gesenkt werden.
- Eine Werbeagentur muss mit einem Neuentwurf für die Etiketten beauftragt werden.
- Es muss überlegt werden, ob es technisch und finanziell möglich ist, die Abfüllanlage auf PET-Flaschen umzustellen.
- Es wird ein Flaschenhersteller gesucht, der neuartige, kinderfreundliche Verschlüsse entwickelt hat.
- usw.

Sicherlich ist das Unternehmen nicht in der Lage, all diese Vorgaben sofort und unverzüglich umzusetzen. Daher wird als letzter Schritt der Strategieentwicklung eine Rangfolge der erforderlichen Maßnahmen erstellt. Dabei wird berücksichtigt, wie wirkungsvoll die betreffende Maßnahme sein wird, wie schnell und kostengünstig sie durchgeführt werden kann und ob man sie sofort oder erst später verwirklichen will. Wenn die Firma Alpenquelle alle mithilfe der Flip-Flop-Technik gefundenen Möglichkeiten im Laufe der Zeit umsetzt, wird sie mit Sicherheit das Image ihrer Produkte anheben und ihr Umsatz wird in Zukunft wieder steigen.

Vor- und Nachteile der Flip-Flop-Technik

Durch die paradoxe Fragestellung wird die Kreativität vieler Teams auf besondere Weise gefördert. Die neue und unvertraute Aufgabenstellung ist für viele Mitarbeiter erheblich reizvoller und anregender als das übliche Verfolgen ausgetretener Pfade. Die Methode ermöglicht zudem eine spielerische Bestandsaufnahme der Ist-Situation, wobei jedes Gruppenmitglied ohne Hemmungen seine Kritik anbringen kann, weil nicht im Vorfeld bewertet wird, ob es sich um einen tatsächlichen oder um einen erfundenen Sachverhalt handelt. Es werden in kurzer Zeit zahlreiche Ideen gesammelt, die nach der Bewertung zügig in konkrete Maßnahmen umgewandelt werden können.
Im Gegenzug erfordert die Flip-Flop-Technik eine versierte Moderation, die dafür sorgt, dass sämtliche Regeln und Vorgaben eingehalten werden, damit alle Teilnehmer dieselben Chancen zur Artikulation erhalten. Der Moderator muss eine Atmosphäre schaffen, die zwar kreativ und entspannt, gleichzeitig aber nicht zu übermütig ist, damit die gemeinsamen Anstrengungen zu effektiven, realisierbaren Ergebnissen führen.

Übung

Üben Sie nun die Flip-Flop-Technik an folgendem Beispiel.
Der Sportverein „Eintracht Traunbruck“ hat ein Problem: Immer mehr Vereinsmitglieder kündigen ihre Mitgliedschaft. Durch die sinkenden Mitgliedsbeiträge können einige Sportangebote des Vereins nicht mehr aufrecht erhalten werden, was wiederum zu neuen Austritten führt. Wie schafft es der Sportverein, diesen Teufelskreis zu durchbrechen?
Halten Sie sich genau an die vier Phasen der Technik! Also:

- Aufgabenstellung und Umkehrung: Wie genau soll die Problemdefinition lauten und welche Umkehrung folgt daraus?
- Ideenfindung: Welche Ideen haben Sie, um die umgekehrte Aufgabenstellung zu erreichen?

- Auswertung und Ergebnisanalyse: Welche Ideen entsprechen der Ist-Situation, welche der Soll-Situation?
- Strategieentwicklung: Welche Maßnahmen können die schlechte Ist-Situation verbessern und welche Schritte müssen gemacht werden, um die Soll-Situation herbeizuführen?

Entwickeln Sie Spaß am Pessimismus und tun Sie sich beim Schwarzmalen keinen Zwang an! Denn alle negativen Gedanken, die Sie haben, werden am Ziel der Übung ins Positive verwandelt sein und sich damit als produktiv für die Problemlösung erweisen.

2.9 Reizwortanalyse

Auf einen Blick

Besonders geeignet für: Ideenfindung in Werbung und Medien; Suche von Produktnamen; Neu- und Weiterentwicklung von Produkten
Teilnehmerzahl: Gruppe von 4 bis 8 Personen, auch von Einzelpersonen anwendbar
Zeitaufwand: 60 bis 90 Minuten
Nötige Hilfsmittel: Flipchart, Lexikon oder vorbereitete Karteikarten mit Begriffen
Besonderheiten: geringer Zeitaufwand, auch als Technik zur Einübung der kreativen Techniken nutzbar

Die Reizwortanalyse ist eine einfache Kreativitätstechnik, deren Ziel es ist, mithilfe willkürlich ausgewählter Begriffe Assoziationen zu erzeugen, die auf das ursprüngliche Problem übertragen werden können. Die Methode fördert kreatives Denken und intuitive Problemlösungen und kann als Vorbereitung auf die wesentlich komplexere Technik der Synektik (siehe Kapitel 2.11) eingesetzt werden.

Vorgehensweise

Drei Schritte führen bei der Reizwortanalyse zum Ziel:

- Problemdefinition und Reizwortsuche
- Reizwortanalyse
- Transfer

Problemdefinition und Reizwortsuche
Die Sitzung beginnt mit der Definition des eigentlichen Problems. Wenn eine prägnante Fragestellung gefunden wurde, wird diese auf dem Flipchart notiert.
Für die Reizwortsuche, die sich nun anschließt, gibt es zwei mögliche Varianten.
Erste Variante: Aus einem Lexikon werden willkürlich fünf bis zehn Stichwörter ausgewählt. Dies geschieht am einfachsten, indem man festlegt, beispielsweise auf Seite 12 das achte Wort in der zweiten Spalte auszuwählen. Es muss sich dabei um ein Substantiv handeln, andernfalls wählt man den darauf folgenden Begriff aus. Auf diese Weise erhält man je nach geplanter Dauer der Sitzung fünf bis zehn Begriffe, die auf dem Flipchart festgehalten werden.
Zweite Variante: Mithilfe eines Brainstormings (siehe Kapitel 2.1) sammeln die Gruppenmitglieder, gegebenenfalls bei einem gesonderten Meeting, eine Liste von 50 bis 100 Begriffen. Jede Nennung wird auf einer eigenen Karteikarte aufgeschrieben. Dabei muss darauf geachtet werden, dass die Vorschläge vom eigentlichen Arbeitsgebiet bzw. der Problemdefinition vollkommen unabhängig sind und keinerlei Bezug zwischen beiden besteht. Dies ist jedoch die einzige Einschränkung – ansonsten sollen bei der Zusammenstellung der Reizwörter der Fantasie keine Grenzen gesetzt sein. Bei der eigentlichen Sitzung werden aus diesem Gesamtbestand willkürlich fünf Karten gezogen, die als Grundlage für die Reizwortanalyse dienen. Die gesamte Reizwortsammlung kann bei zukünftigen Sitzungen immer wieder genutzt werden.

Reizwortanalyse
Wenn die Auswahl der Reizwörter erfolgt ist, werden diese der Reihe nach auf ihren Inhalt hin analysiert. Hier kann spontan, aber auch systematisch nach allen wesentlichen Merkmalen des genannten Begriffes gesucht werden. Je umfangreicher die Fragestellung ist, desto besser und zahlreicher werden die Ergebnisse sein. Also zum Beispiel:
- Welche Eigenschaften hat der Gegenstand/der Begriff?
- Wie funktioniert er?
- Wozu wird er benutzt?
- Hat er eine symbolische Bedeutung?

- Welche charakteristischen Züge schreibt man ihm zu?
- Womit assoziiert man ihn?
- Ist er positiv, negativ oder neutral besetzt?
- In welchen Formen gibt es ihn?
- Welchen Prinzipien oder Gesetzen folgt er?
- Welche Gefühle löst er aus?
- usw.

Alle genannten Antworten werden aufgeschrieben. Zum Abschluss der Analysephase wird derjenige Begriff ausgewählt, der die meisten und die abwechlsungsreichsten Charakteristiken auf sich vereint. Dieser ist nun die Grundlage für den nächsten Schritt.

Transfer

In der letzten Phase wird versucht, die gesammelten Merkmale des problemfremden Reizwortes auf die eigentliche Aufgabenstellung zu übertragen. Dabei ist viel Spontaneität und Fantasie erforderlich. Es wird nicht gelingen, bei allen Beiträgen einen Bezug zum Ausgangsproblem herzustellen. Lassen Sie sich davon nicht entmutigen. Je größer die Anzahl der Vorschläge, desto höher die Wahrscheinlichkeit, dass verwertbare Ergebnisse zustande kommen. Die gefundenen Gemeinsamkeiten und Parallelen zwischen den Begriffen dienen schließlich als Ausgangsposition für die Suche nach konkreten Problemlösungen.

Vor- und Nachteile der Reizwortanalyse

Die Reizwortanalyse ist eine Technik, die ohne große Vorbereitung und mit geringem Aufwand an Material und Zeit angewendet werden kann. Auch ohne konkrete Problemstellung ist sie bestens dazu geeignet, Kreativität zu fördern, eingefahrene Denkstrukturen aufzubrechen und diese in neue Bahnen zu lenken. Die Anwender dieser Methode lernen, Dinge aus einer völlig neuen Perspektive zu betrachten. Besonders hilfreich ist der Einsatz der Reizwortanalyse, wenn ein Team sich bei der Lösung eines Problems in eine Sackgasse hineinmanövriert hat, aus der es mit anderen Methoden nicht mehr herausfindet.

Nachteilig kann sich auswirken, dass sich manche Teilnehmer zunächst gehemmt fühlen, gewagte Assoziationen und Abstraktionen vor versammelter Runde zu artikulieren. Temperamentvollere

Menschen neigen umgekehrt dazu, ungebremst eine Flut von Ideen hervorzusprudeln, die sich für die Problemlösung als gänzlich ungeeignet erweisen. Die Erfahrung zeigt jedoch, dass sich dieses Ungleichgewicht im Laufe der Zeit ausgleicht: Zurückhaltende Teammitglieder werden mutiger und sind erstaunt über die eigene Kreativität; allzu spontane Mitmenschen lernen, sich zurückzunehmen und die eigenen Beiträge besser abzuwägen. Damit fördert die Reizwortanalyse nicht nur die Ideenfindung, sondern trägt gleichzeitig zu besserer Teamarbeit bei.

Fallbeispiel für eine Reizwortanalyse

Das Funktionieren der Methode wird am folgenden beispielhaften Ablauf einer Reizwortanalyse (in verkürzter Form) deutlich.
Ein Hersteller von Campingzelten möchte ein neues Hauszelt entwickeln. Was ist dabei wichtig?
1. Problemdefinition und Reizwortsuche
Problem/Fragestellung: „Welche Eigenschaften sollte ein neu entwickeltes Hauszelt haben?"
Reizwort: „Spinnennetz"
2. Reizwortanalyse

- Eine Spinne kann in kürzester Zeit ein Spinnennetz herstellen.
- Die Spinne stellt das Netz allein her.
- Es dient zum Festhalten der Beute.
- Es ist sehr haltbar.
- Die Spinne benötigt kein fremdes Material zur Herstellung.
- Es ist einfach konstruiert, aber sehr wirkungsvoll.
- Es ist optisch ansprechend.
- Das Spinnennetz kommt in jeder Jahreszeit und bei jeder Witterung zum Einsatz.
- Die Beute ist ahnungslos, weil sie das Netz nicht sehen kann.
- etc.

3. Transfer
Welche der gefundenen Aussagen lassen sich auf die Konstruktion eines Campingzeltes übertragen?

- Das Zelt lässt sich in kurzer Zeit aufstellen.
- Jeder kann das Zelt ohne fremde Hilfe aufstellen.
- Man kann wertvolle Dinge darin aufbewahren.
- Das Zeltmaterial ist strapazierfähig.

- Man benötigt keinerlei Werkzeug, um das Zelt aufzustellen.
- Die Konstruktion hat keine komplizierten Mechanismen, ist aber trotzdem stabil.
- Das Zelt sieht gut aus (Form, Farbe, Material, Design).
- Das Zelt ist regendicht, auch bei Wind stabil und filtert UV-Strahlung.
- keine Assoziation
- etc.

Übung

Das Beispiel zeigt, wie problemlos sich die Reizwortanalyse anwenden lässt. Auch wenn mal kein Mitarbeiterteam zur Verfügung steht, kann man als Einzelperson darauf zurückgreifen und kreativ tätig werden. Helfen Sie also zur Übung der Redaktion des Verlages „Blauer & Tag", das Konzept für eine neue, ansprechende Jugendzeitschrift zu entwickeln. Ihre Reizworte sind: Briefmarke, Weihnachtsbaum, Ozean, Düsenflugzeug und Königsschloss.

2.10 Bisoziation

Auf einen Blick

Besonders geeignet für: unkonventionelle Lösungsansätze konkreter Probleme; technische und kreative Aufgabenstellungen
Teilnehmerzahl: 8 bis 20 Personen, Moderation erforderlich
Zeitaufwand: je nach Gruppengröße und Aufgabenstellung 1 bis 3 Stunden
Nötige Hilfsmittel: ca. 5 Bilder oder Fotos, Karteikarten, Pinnwände
Besonderheiten: eignet sich auch für große Gruppen; fördert Fantasie und Spontaneität; zwingt zum Verlassen vorhandener Denkschablonen

Der Begriff „Bisoziation" geht auf den Schriftsteller und Kulturphilosophen Arthur Koestler (1905–83) zurück. Die Effektivität der aus diesem Begriff abgeleiteten Kreativitätstechnik beruht vor allem darauf, dass der Mensch gezwungen wird, ausgetretene Denkpfade zu verlassen und Verbindungen zwischen scheinbar voneinander unabhängigen Beziehungsfeldern herzustellen. Im Gegensatz zur Assoziation, bei der sich die Gedanken in einem einzigen Bezugsrahmen bewegen, verknüpfen sich bei der Bisoziation

willkürliche oder gegensätzliche Denkdimensionen, die zu völlig neuartigen, zuvor „undenkbaren" Lösungswegen führen.
Neben der Kreativitätsforschung kommt der Bisoziation übrigens auch im Bereich Humor und Komik besondere Bedeutung zu, denn die Wurzeln eines Witzes oder einer komischen Situation liegen häufig im Zusammentreffen zweier Welten oder zweier Dinge, die ursprünglich nichts miteinander zu tun haben.

Vorgehensweise

Bisoziation ist eine ohne große Vorbereitung und mit geringem Materialaufwand in der Gruppe durchzuführende Technik. Hierbei werden vier Phasen durchlaufen:

- Problemstellung
- freie Assoziation
- Herstellen von Analogien
- Auswertung und Transfer

Problemstellung
Mithilfe der Gruppe definiert der Moderator das vorliegende Problem bzw. die zu lösende Aufgabe und hält diese Definition schriftlich fest.

Freie Assoziation
Nun werden die fünf vorbereiteten Bilder in der Mitte des Teams ausgelegt. Es kann sich dabei um jede Form der bildlichen Darstellung handeln: Fotos, Werbebilder aus Zeitschriften, Gemälde, Buchillustrationen usw. Die Bilder sollten mindestens eine Größe von DIN A4 haben, damit sie von allen gut gesehen werden. Versuchen Sie, Bilder zu finden, die mit der Problemstellung möglichst wenig zu tun haben und die zugleich so aussagekräftig sind, dass sie eine große Zahl von Assoziationen erzeugen. Mögliche Bildmotive wären beispielsweise: ein bunter Heißluftballon vor einer Alpenkulisse, Spaziergänger in einem Herbstwald, ein Klippenspringer im Flug, ein spielendes oder lachendes Kind, eine Großstadtszene und dergleichen. Schon bei der Auswahl der Bilder haben Sie Gelegenheit, Ihre Fantasie spielen zu lassen.
Aus den fünf vorliegenden Bildern wird nun durch Gruppendiskussion ein Motiv ausgewählt. Im Regelfall wird es das Bild sein, das

Leonardo da Vinci – Unerreichbares Universalgenie

Name: Leonardo da Vinci
Geburtsdatum: 15. April 1452
Todesdatum: 2. Mai 1519
Geburtsort: Vinci bei Florenz/Italien
Maler, Bildhauer, Architekt, Naturwissenschaftler

Angesichts der Wissens- und Informationsflut müssen sich heutige Denker und Macher vom Traum des Universalgenies, den da Vinci ausleben durfte, verabschieden. Besonders die Kombination aus Malerei auf höchstem Niveau *(Das Abendmahl, Taufe Christi)*, Bildhauerei, Architektur und der Entwicklung komplizierter Maschinen ist heute kaum noch denkbar. Da Vinci hingegen kombinierte physikalische Forschungen, die in praktischen Gerätschaften wie Brennspiegeln oder Ölpressen, aber auch Waffen, Fallschirmen und Flugmaschinen mündeten, obendrein mit anatomischen Studien, die das Menschenbild späterer Generationen neu definierten. Da Vinci verbesserte dabei keine vorhandenen Konzepte und Vorlagen oder entwickelte Bestehendes fort, sondern wirkte als originärer Denker, der alleine Kraft seiner Gedanken komplett neue Erfindungen hervorbrachte.

Erfolgsrezept

Zu Lebzeiten da Vincis waren vor allem zwei Faktoren ausschlaggebend, wenn man künstlerische Visionen oder Erfindungen umsetzen wollte: Man musste in einem der – damals ausgeprägten – wissenschaftlichen und geistigen Zentren wie Mailand angesiedelt sein und arbeiten sowie die Unterstützung einflussreicher Verbündeter suchen. So schuf Leonardo in einer Phase, die er auf Einladung Franz I. von Frankreich ab 1516 in dessen Schloss verbrachte, bedeutende Gemälde, verwirklichte architektonische Projekte und arbeitete an mathematischen und hydraulischen Problemen. Die Nähe zu Epizentren kreativen Schaffens und ein informelles Netzwerk von Mäzenen befördern auch heute noch maßgeblich die Entwicklung neuer Trends.

bei der Mehrzahl der Teilnehmer spontan die meisten Gefühle und Gedanken auslöst.
Nun beginnt die Phase der freien Assoziation. Der Reihe nach oder willkürlich (hier muss der Moderator gezielt eingreifen und für Ordnung sorgen) assoziiert jedes Gruppenmitglied in Schlagworten alle Gedanken, Ideen, Gefühlsregungen und Einfälle, die es mit dem Bild verbindet. Der Moderator notiert alle Äußerungen auf Karteikarten und hängt diese an die dafür vorgesehenen Pinn- oder Stellwände. Wenn alle Teilnehmer ihre Beiträge abgegeben haben, erfolgt der Übergang zur nächsten Phase.

Herstellen von Analogien
Jetzt wird die ursprüngliche Problemstellung, die während der Assoziationsphase in den Hintergrund getreten war, wieder aufgegriffen. Gemeinsam mit dem Moderator gehen die Teammitglieder sämtliche Aussagen, die auf den Karteikarten festgehalten wurden, noch einmal durch und überprüfen sie daraufhin, ob sie in irgendeiner Form zur Aufgabenstellung passen oder bei der Problemlösung förderlich sein können. Dieser Schritt wird wahrscheinlich zunächst nur zögerlich ablaufen, denn die Teilnehmer müssen sich erst mit der Methode vertraut machen und sich neuen Denkprozessen öffnen. Es erfordert Zeit, Mut und Engagement, alte Denkschemata zu verlassen und neue Verknüpfungen herzustellen. Am Anfang wird es vielen Menschen schwerfallen, sich darauf einzulassen und mögliche Verbindungen zu erkennen, aber erfahrungsgemäß entwickelt jedes Team im Laufe der dritten Phase viel Spaß und Dynamik bei diesem Vorgang; das Ergebnis sind völlig neue, unkonventionelle und fruchtbare Lösungsvorschläge.

Auswertung und Transfer
Der Moderator notiert wiederum alle in der vorherigen Phase gesammelten Analogien und hängt sie gut sichtbar auf. In der anschließenden Bewertung kann nun diskutiert werden, welche der gefundenen Lösungen am sinnvollsten erscheinen und welche zwar grundsätzlich brauchbar, aber für den konkreten Fall noch angepasst, verändert oder verbessert werden müssen. Auf dieser Grundlage wird entschieden, in welche konkreten Maßnahmen die Lösungsvorschläge münden sollen.

Vor- und Nachteile der Bisoziation

Bisoziation lässt sich auch in größeren Gruppen ohne langwierige Vorbereitungen einsetzen. Besonders Teams, die seit längerer Zeit miteinander arbeiten und deren kreatives Potenzial erschöpft scheint, erhalten durch die Technik der Bisoziation plötzlich ganz neue Impulse und kommen zu innovativen, unerwarteten Anregungen oder Lösungen.
Voraussetzungen für eine erfolgreiche Bisoziation ist jedoch, dass alle Teilnehmer bereit sind, die Hürden im eigenen Kopf zu überwinden und sich intensiv auf diese Methodik einzulassen. Wenn eine Bisoziationssitzung ansteht, sollte kein Zeitdruck herrschen, denn besonders die vierte Phase, nämlich Auswertung und Transfer, können relativ viel Zeit in Anspruch nehmen. Diejenigen Beiträge, bei denen auch nach eingehender Betrachtung kein erkennbarer Zusammenhang mit der Problemstellung hergestellt werden kann, müssen aussortiert werden. Dies kann bei der zu erwartenden Vielzahl von Aussagen sehr zeitaufwändig sein. Trotzdem lohnt sich dieser Weg: zum einen, weil mit Sicherheit am Ende ein erfolgreiches Ergebnis steht, zum anderen, weil es für alle Teilnehmer eine höchst befriedigende Erfahrung ist, welche unvorhergesehenen Resultate erzielt werden können, wenn man der eigenen Kreativität einen innovativen Weg weist.

Fallbeispiel: Protokoll zur Anwendung der Bisoziation

Phase	Beispiel
Problemstellung	Der alteingesessene Supermarkt „Nah & Günstig" in Landskirchen bekommt Konkurrenz. Im Nachbarort eröffnet ein neuer Discounter. Der Geschäftsführer und seine Belegschaft diskutieren das Thema und stellen sich die Frage: „Wie können wir erreichen, dass uns unsere Kunden treu bleiben?"
freie Assoziation	Bildauswahl: ein Zweimaster unter vollen Segeln auf offener See Stoffsammlung zum Bild: Freiheit – Kapitän – Sturm – Hafen – Mannschaft – Seekrankheit – Exotik – Anker – Abenteuer – Möwe – etc. →

Herstellen von Analogien	• Freiheit: Jeder Kunde hat die Freiheit, seinen bevorzugten Supermarkt selbst zu wählen. • Kapitän: Die ständige Präsenz und Mitarbeit des Geschäftsführers wirkt sich auf die Atmosphäre im Geschäft aus und gibt den Kunden Sicherheit. • Sturm: Man bietet den Kunden den Service an, bei schlechtem Wetter die Einkäufe ins Auto zu bringen. Oder: Man leiht den Kunden bei plötzlichen Regengüssen einen Regenschirm. • Hafen: Parkplätze oder: Hafen = Heimat = Vertrauen • Mannschaft: Je besser sich die Angestellten untereinander verstehen, desto mehr Spaß macht ihnen die Arbeit und desto freundlicher bedienen sie die Kunden. • Seekrankheit: Kranke oder ältere Menschen können einen Lieferservice in Anspruch nehmen. • Exotik: Neue Produkte werden ins Sortiment aufgenommen, z. B. asiatische oder arabische Gewürze und Fertiggerichte. • Anker: Die Kunden haben in uns einen sicheren Halt. Wir sind schon lange da und werden es auch bleiben. • Abenteuer: Es ist spannend, bei uns einzukaufen – Spiele/Aktionen/Supermarktrallye für Kinder • Möwe: neues, frisches Logo für den Supermarkt • etc.
Auswertung und Transfer	Schon die oben aufgeführten Beispiele enthalten viele Kriterien, durch deren Betonung bzw. Verbesserung eine stärkere Kundenbindung erreicht werden kann. Konkret ergeben sich aus den obigen Analogien beispielsweise folgende Strategien: • Einführung besonderer Serviceangebote • Mitarbeiterschulungen für engagierte, freundliche Mitarbeiter • Präsenz des Geschäftsführers • Vergrößerung des Sortiments • Imagepflege • Kundenaktionen • etc. Diejenigen Assoziationen, die momentan nicht zu konkret umsetzbaren Maßnahmen führen, werden nicht berücksichtigt (hier z. B. „Freiheit").

Übung

Übernehmen Sie das im Fallbeispiel vorgegebene Schema und suchen Sie Lösungen für folgende Probleme:

Das Unternehmen „Cybertoys“ soll ein Computerspiel entwickeln, das Kindern Spaß macht, aber auch von kritischen Eltern akzeptiert wird.
Ein Taschen- und Reisegepäckhersteller erhält aufgrund defekter Reißverschlüsse zahlreiche Reklamationen. Er muss die Qualität der Reißverschlüsse verbessern oder neue Verschlussmöglichkeiten entwickeln.
Die PR-Firma „deltaplan“ muss eine Werbekampagne zur Einführung eines Mobiltelefons mit Telefon- und Internet-Flatrate konzipieren.

2.11 Synektik

Auf einen Blick

Besonders geeignet für: komplexe Problemstellungen; Neu- und Weiterentwicklung von Produkten; Überwindung eingefahrener Denkstrukturen
Teilnehmerzahl: Gruppe von 4 bis 10 Personen; es ist unbedingt ein kompetenter Moderator erforderlich, der Erfahrung in der Leitung synektischer Sitzungen hat
Zeitaufwand: 4 bis 8 Stunden
Nötige Hilfsmittel: Flipchart
Besonderheiten: sehr aufwändige und zeitintensive Technik; der Anwendung auf konkrete Aufgabenstellungen sollten eine oder mehrere Übungssitzungen vorausgehen

Der Begriff „Synektik“, vom griechischen „synechein“ (etwas miteinander in Verbindung bringen, verknüpfen), ist eine sehr komplexe, umfassende Kreativitätstechnik, deren Einsatz von allen Beteiligten ein hohes Maß an Engagement und Einsatzbereitschaft fordert. Der Amerikaner William Gordon, der sich schon Mitte der 1940er-Jahre mit den kreativen Prozessen des menschlichen Gehirns beschäftigte, machte die Synektik in seinem 1961 veröffentlichten Buch *Synectics: The development of creative capacity* bekannt.
Ähnlich wie die Bisoziation beruht die Synektik darauf, dass zwei voneinander völlig unabhängige Denkebenen zusammengeführt werden und man dadurch zu ganz neuen, unerwarteten Lösungsvorschlägen gelangt. Ausgehend vom Prinzip: „Mache das

Fremde vertraut und entfremde das Vertraute!“ können eingefahrene Denkbahnen verlassen, verkrustete Strukturen aufgebrochen und neue Perspektiven gefunden werden.
Im Gegensatz zur Bisoziation, bei der man die zweite, neue Denkkategorie willkürlich auswählt, wird diese bei der synektischen Methode im Verlauf der Anwendung bewusst erschlossen, indem man sich in einzelnen Schritten immer weiter von der ursprünglichen Thematik entfernt.

Vorgehensweise

Eine Synektik-Sitzung setzt sich aus zehn Einzelschritten zusammen:

- Problemanalyse
- spontane Lösungsvorschläge
- Neudefinition des Problems
- Suche nach direkten Analogien
- Bildung persönlicher Analogien (Identifikation)
- Bildung symbolischer Analogien (Kontradiktionen)
- zweite Suche nach direkten Analogien
- Analyse der direkten Analogien
- Übertragung auf das Problem (Force-Fit)
- Entwicklung von Lösungsansätzen

Schritt 1: Problemanalyse
Im ersten Schritt des synektischen Verfahrens stellt der Moderator das zu behandelnde Problem vor. Alle notwendigen Informationen zur Fragestellung werden zusammengetragen und diskutiert, damit alle Teilnehmer gleichermaßen über die wesentlichen Aspekte der Problemstellung aufgeklärt sind.

Schritt 2: Spontane Lösungsvorschläge
Nun können die Teammitglieder alle Lösungsvorschläge unterbreiten, die ihnen spontan zum besagten Problem einfallen. Dies bewirkt, dass die Köpfe sozusagen „entleert“ werden und sich die Teilnehmer dem synektischen Verfahren unbelastet und unvoreingenommen stellen können. Der Moderator notiert die gefundenen Lösungen auf einem Flipchart, ohne sie in irgendeiner Form zu analysieren oder zu bewerten.

Schritt 3: Neudefinition des Problems
Durch die vorausgegangene Diskussion und die vorhandenen Lösungsvorschläge wird das Problem eingegrenzt und neu definiert. Dieser Schritt hat zwei Vorteile: Zum einen gehen nun alle Teilnehmer von exakt derselben Aufgabenstellung aus; zum anderen ist diese Fragestellung sehr konkret und zielgerichtet.

Schritt 4: Suche nach direkten Analogien
Nun beginnt der eigentliche kreative Prozess. In Form eines Brainstormings (siehe Kapitel 2.1) suchen die Teilnehmer nach Analogien zum definierten Problem in anderen Bereichen. Obwohl hier viele Kategorien zur Verfügung stehen (Technik, Musik, Gesellschaft, Kultur, Wirtschaft u. Ä.), hat es sich herausgestellt, dass die meisten dieser ersten Analogien im Bereich Natur zu finden sind. Die Natur hält für viele Problemstellungen immer wieder verblüffende Lösungen bereit, die sich in abgewandelter Form auf zahlreiche Felder übertragen lassen. Die Fragestellung für diesen Schritt lautet also dementsprechend: „Welche Lösungen findet man in der Natur für das vorliegende Problem?"
Der Moderator notiert zunächst alle gefundenen Analogien auf dem Flipchart. Aus diesen wählen die Teilnehmer dann ein Beispiel aus, das als Grundlage für den nächsten Schritt dient.

Schritt 5: Bildung persönlicher Analogien (Identifikation)
Jetzt versuchen die Teilnehmer, das ausgewählte Beispiel in eine persönliche Analogie umzusetzen. Jeder versucht, sich in das betreffende Objekt oder die besagte Situation hineinzuversetzen und sich damit zu identifizieren. Die unterstützende Fragestellung lautet: „Wie würde ich mich fühlen? Was würde ich empfinden?"
Diese Phase stellt für viele Teilnehmer eine besondere Herausforderung dar. Viele werden erst ihre Scheu überwinden müssen, im sachlichen Rahmen einer Gruppensitzung Emotionen und Gefühle zuzulassen und zu äußern.
Wieder wird aus allen aufgeschriebenen Antworten eine ausgewählt und weiterverfolgt.

Schritt 6: Bildung symbolischer Analogien (Kontradiktionen)
Das Ziel des kreativen Prozesses besteht zunächst darin, sich so weit wie möglich vom ursprünglichen Thema zu entfernen. Dazu

trägt der sechste Schritt der synektischen Methode maßgeblich bei. Basierend auf der ausgewählten persönlichen Analogie wird das beschriebene Gefühl gedanklich intensiviert und verdichtet, was bedeutet, dass mittels emotional besetzter Attribute der gefühlte Zustand zugespitzt beschrieben wird. Dies kann besonders dadurch erreicht werden, dass paradoxe Adjektive und Substantive zusammengeführt werden, wie beispielsweise „zarte Wut“, „bedrückende Freiheit“, „rasende Stille“.
Wie bei den vorausgegangenen Schritten werden alle Ideen notiert und einer der Vorschläge ausgewählt.

Schritt 7: Zweite Suche nach direkten Analogien
Mit der exemplarischen Antwort aus dem sechsten Schritt folgt eine Wiederholung von Schritt 4. Wieder wird gefragt, welche Eigenschaften oder Aspekte das Beispiel mit konkreten Dingen aus anderen Bereichen gemein hat. Auf den Bereich Technik übertragen, der sich hier besonders anbietet, beantwortet man die Frage: „Auf welche technischen Geräte oder Verfahrensweisen trifft die Aussage zu?“
Alle Antworten werden gut sichtbar auf dem Flipchart notiert.

Schritt 8: Analyse der direkten Analogien
Mit dieser Sammlung von konkreten Objekten oder Methoden wird die Sitzung fortgesetzt. Die Teammitglieder untersuchen die gefundenen Analogien auf ihre Eigenschaften und Wirkungsweisen hin. Man erhält einen Katalog von Merkmalen, Voraussetzungen und Kriterien, die für die Lösung einer konkreten technischen Aufgabenstellung erforderlich sind.

Schritt 9: Übertragung auf das Problem (Force-Fit)
Erst im vorletzten Schritt der Sitzung erfolgt eine Rückkehr zur ursprünglichen Thematik. Jetzt müssen alle Kriterien, die sich aus dem achten Schritt ergeben haben, mit der zugrunde liegenden Problemstellung in Einklang gebracht werden. Der englische Ausdruck „Force-Fit“, der so viel heißt wie „erzwungene Eignung“, macht deutlich, dass bei dieser Phase erheblicher Druck notwendig ist, um zu zufriedenstellenden Ergebnissen zu gelangen. Nicht jeder Teilnehmer wird auf Anhieb dazu in der Lage sein, Analogie und Ausgangsproblem miteinander zu verknüpfen. Aber genau

dies soll im Laufe der Zeit geschehen; damit wird sichergestellt, dass die gefundene Lösung nicht nur kreativ, sondern auch in die Praxis umsetzbar ist.
Hier sind besondere Qualitäten des Moderators erforderlich. Er muss die Gruppenmitglieder zielstrebig anleiten, darf sie aber zugleich nicht unter Druck setzen, um den kreativen Prozess nicht zu stoppen.

Schritt 10: Entwicklung von Lösungsansätzen
Zum Abschluss der Sitzung werden die Ideen, Vorschläge und Antworten aus der Force-Fit-Phase in konkrete Lösungsansätze umgesetzt. Sie dienen einer längerfristigen Strategieentwicklung als Grundgerüst.

Was Sie noch über Synektik wissen sollten

Die komplexe Vorgehensweise der Synektik erfordert von allen Beteiligten eine gewisse Routine und setzt voraus, dass den Teilnehmern die Möglichkeit geboten wird, die erforderlichen Analogiebildungen in entspanntem Rahmen und ohne persönliche Hemmungen einüben zu können. Wenn möglich, sollte ein Moderator eingesetzt werden, der bereits professionelle Erfahrungen mitbringt. Mithilfe eines Übungsthemas können die Teilnehmer an das Verfahren herangeführt werden und so spielerisch ihre kreativen Fähigkeiten entwickeln. Setzen Sie Synektik nur ein, wenn genügend Zeit zur Verfügung steht und vertrauen Sie darauf, dass auch bei anfänglichen Widerständen im Verlauf der Sitzung unerwartete Lösungen und kreative, detaillierte und Erfolg versprechende Ergebnisse zustande kommen werden.

Fallbeispiel: Protokoll zur Anwendung der Synektik

Schritt	Beispiel
1. Problemanalyse	Nach der neuesten Statistik kommt es immer häufiger vor, dass Autofahrer bei Kurzstrecken den Sicherheitsgurt nicht anlegen und dass auch Kinder während der Autofahrt nicht in vorschriftsmäßigen Kindersitzen untergebracht sind. Das Bundesverkehrsministerium bittet Autohersteller und Polizei um Lösungsvorschläge, wie dieses Problem beseitigt werden kann. →

2. Spontane Lösungsvorschläge	• verstärkte Kontrollen • höheres Bußgeld • technische Veränderungen an den Autos • Aufklärungskampagnen im Fernsehen • Verstöße verlängern Probezeit bei Führerscheinneulingen • Wettbewerbsvorteile einzelner Autohersteller durch innovative Techniken • etc.
3. Neudefinition des Problems	Das befragte Gremium einigt sich darauf, sich auf die technischen Möglichkeiten zu beschränken. Die Fragestellung lautet: „Wie können die Autohersteller technisch dazu beitragen, dass die Autofahrer der Gurtanschnallpflicht nachkommen?“
4. Suche nach direkten Analogien	gewählter Bereich: Natur Fragestellung: „Welche Schutzmechanismen existieren in der Natur?“ • Muscheln verschließen sich bei Annäherung. • Mimosen rollen bei Berührung die Blätter ein. • Opossums stellen sich tot, wenn ein Angreifer naht. • Delfine warnen sich mit Pfeifgeräuschen. • Wildkatzen greifen Eindringlinge an. • Elefanten trompeten bei Gefahr. • etc.
5. Bildung persönlicher Analogien (Identifikation)	ausgewählte Analogie: Opossum Fragestellung: „Wie fühle ich mich als Opossum, wenn ein Angreifer naht?“ • Ich falle sofort um und mache mich steif. • Ich bin starr vor Angst und versuche, den Angreifer unauffällig zu beobachten. • Ich weiß genau, wie ich mich verhalten muss. • Ich freue mich klammheimlich, dass ich meinen Feind täuschen kann. • Es verschlägt mir den Atem. • Ich bin sicher, dass mir nichts passiert, weil alle Opossums sich so schützen. • Ich hoffe, dass ich diese unbequeme Situation nicht allzu lange durchhalten muss. • etc.
6. Bildung symbolischer Analogien (Kontradiktionen)	ausgewählte Analogie: Ich hoffe, dass ich diese unbequeme Situation nicht allzu lange durchhalten muss. • weicher Holzstuhl • ängstliche Ungeduld • aktive Ruhehaltung • lästige Sicherheit →

	• vorsichtige Müdigkeit • steife Lässigkeit • starres Sofa • etc.
7. Zweite Suche nach direkten Analogien	gewählter Bereich: Technik ausgewählte Analogie: steife Lässigkeit Fragestellung: „Auf welche technischen Geräte oder Verfahrensweisen lässt sich die Aussage ‚steife Lässigkeit' anwenden?" • schusssichere Weste • Silikon-Ohrenstöpsel • Rückenschutzpanzer für Snowboarder • anatomisch einstellbare Fahrzeugsitze • Lederkombi für Motorradfahrer • Neoprenanzug für Wassersportler • etc.
8. Analyse der direkten Analogien	• schusssichere Weste: ist stabil, aber dennoch bequem • Silikon-Ohrenstöpsel: verändert sich durch Körperwärme, passt sich an • Rückenschutzpanzer: der Natur nachempfundene schuppenartige Anordnung, ist in sich beweglich, stört nicht bei Bewegungen • Fahrzeugsitze: optimale Bequemlichkeit durch individuelle Einstellung, Komfort auch nach langer Nutzungsdauer • Lederkombi: individuelles Design • Neoprenanzug: schafft optimale Körpertemperatur • etc.
9. Übertragung auf das Problem (Force-Fit)	Welche Merkmale der gefundenen Analogien lassen sich auf das definierte Problem übertragen? • stabil, aber bequem • passt sich automatisch an • engt Bewegungsfreiheit nicht ein • erhöht Komfort • individuelles Design • Temperaturausgleich
10. Entwicklung von Lösungsansätzen	Um zu erreichen, dass der Autofahrer den Sicherheitsgurt immer anlegt, muss dieser so konstruiert sein, dass er nicht nur optimale Bequemlichkeit bietet, sondern auch zusätzliche Reize schafft, ihn zu benutzen. Aus der Force-Fit-Phase ergeben sich folgende Lösungsmöglichkeiten: • Materialveränderung: Das Gurtmaterial muss fest, aber zugleich weich sein, damit der Gurt z. B. im Sommer nicht auf der Haut reibt. →

	• Befestigung: Der Gurt passt sich automatisch der Größe des Fahrers an. • Auslösung des Rückhaltemechanismus: Dieser muss so geregelt werden, dass auch bei schnellen beabsichtigten Bewegungen des Benutzers kein vorschnelles Einrasten erfolgt (z. B. beim Bedienen des Autoradios). • Design: Die Auswahl eines individuellen Designs (Farbe, Muster, eingewebter Namen o. Ä.) bewirken eine „Identifizierung" des Benutzers mit seinem Fahrzeug (→ Image, Individualität). • Zusätzlicher Komfort: Beim Einrasten des Sicherheitsgurtes ermittelt ein Sensor die Temperatur der Hautoberfläche des Fahrers und stellt die Klimaanlage auf die optimale Temperatur ein.

Übung

Nachstehend finden Sie eine Blankotabelle mit den einzelnen Schritten der Synektik. Üben Sie die synektische Vorgehensweise anhand des folgenden Problems:

Das Ingenieurbüro „Bau-Werk" stellt fest, dass seine Mitarbeiter vermehrt über Rücken- und Kopfschmerzen, Augenprobleme und Allergien klagen. Die Fehlzeiten häufen sich. Eine Untersuchung ergibt, dass die gesundheitlichen Probleme mit der Arbeitsplatzgestaltung zusammenhängen. Es muss eine groß angelegte Umgestaltung der Büroräume vorgenommen werden. Die Aufgabenstellung, der sich die Geschäftsführer gemeinsam mit ihrem Team in einer Gruppensitzung widmen, lautet daher: „Was können wir tun, um für unsere Mitarbeiter und uns die besten Arbeitsbedingungen zu schaffen?"

Lassen Sie sich Zeit und bemühen Sie sich, zu jeder Phase mindestens fünf Antworten zu finden.

Schritt	**Beispiel**
1. Problemanalyse	
2. Spontane Lösungsvorschläge	1. 2. 3. 4. 5.
3. Neudefinition des Problems	→

4. Suche nach direkten Analogien	gewählter Bereich: ___________________ Welche Lösungen finden sich im Bereich _____________________________? 1. 2. 3. 4. 5.
5. Bildung persönlicher Analogien (Identifikation)	ausgewählte Analogie: _________________ Wie fühle ich mich als _________________? 1. 2. 3. 4. 5.
6. Bildung symbolischer Analogien (Kontradiktionen)	ausgewählte Analogie: _________________ 1. 2. 3. 4. 5.
7. Zweite Suche nach direkten Analogien	gewählter Bereich: __________________ ausgewählte Analogie: ________________ Auf welche technischen Geräte oder Verfahrensweisen lässt sich die Aussage _________________ anwenden? 1. 2. 3. 4. 5.
8. Analyse der direkten Analogien	1. 2. 3. 4. 5. →

9. Übertragung auf das Problem (Force-Fit)	Welche Merkmale der gefundenen Analogien lassen sich auf das definierte Problem übertragen? 1. 2. 3. 4. 5.
10. Entwicklung von Lösungsansätzen	Mit welchen konkreten Maßnahmen können die gefundenen Merkmale auf das definierte Problem angewendet werden? 1. 2. 3. 4. 5.

2.12 Weitere intuitive Kreativitätstechniken

Neben den oben ausführlich beschriebenen Methoden gibt es viele weitere Techniken zur Ideenfindung und Problemlösung verschieden gearteter Aufgabenstellungen. Einige davon sind Abwandlungen der bereits bekannten Verfahren, andere wiederum haben eigene Gesetzmäßigkeiten, beziehen weitere kreative Abläufe des menschlichen Gehirns ein oder beruhen auf Aspekten, die die verschiedenen Voraussetzungen einer Arbeitsgruppe oder eines Teams berücksichtigen. Im Folgenden werden einige weitere intuitive Kreativitätstechniken beschrieben, nämlich

- Imaginäres Brainstorming
- Destruktiv-konstruktives Brainstorming
- Anonymes Brainstorming
- Bionik
- Semantische Intuition
- Galeriemethode

Die Voraussetzungen und Vorgehensweisen entsprechen in den meisten Fällen denjenigen der zugrundeliegenden Methode, werden jedoch im speziellen Fall in einigen Aspekten abgeändert. Eine der Techniken, die sehr einfach zu realisierende Varianten ermöglicht, ist das Brainstorming (siehe Kapitel 2.1). Es bietet verschiedene Möglichkeiten, je nach Situation und Arbeitsweise, den Ablauf der Ideenfindung zu variieren. Drei dieser Variationen sollen hier vorgestellt werden.

Imaginäres Brainstorming

Das imaginäre Brainstorming setzt sich zum Ziel, beide Gehirnhälften in einem Problemlösungsprozess gleichermaßen zu beschäftigen und anzuregen. Während die linke, rationale Hälfte unseres Gehirns bei Denkvorgängen die meiste Arbeit leistet und dabei häufig an ihre Grenzen stößt, liegt das Potenzial der rechten, intuitiven, emotionalen Gehirnhälfte oft brach und wird nicht ausreichend aktiviert. Die Methode des imaginären Brainstormings hilft dabei, dies zu ändern. Hierbei kommt es oft zu völlig neuen, unerwarteten und erfolgreichen Lösungen. Voraussetzung ist, dass alle Gruppenmitglieder bereit sind, sich auf diese vollkommen anders geartete Vorgehensweise einzulassen und Spaß an den anregenden Fantasiespielen zu finden.
Es beginnt damit, die ursprüngliche Problemdefinition in ihre Einzelteile zu zerlegen und die einzelnen Komponenten durch andere, völlig problemfremde und ungewöhnliche Begriffe zu ersetzen. Dabei ist es wichtig, dass die eingesetzten Begriffe möglichst bildhaft sind und bei den Teilnehmern spontan fantasievolle und gefühlsmäßige Assoziationen hervorrufen. Mit der neuen Fragestellung wird anschließend ein herkömmliches Brainstorming durchgeführt. In einem zweiten Schritt werden die gefundenen Lösungen wieder auf das Ausgangsproblem übertragen. Sie können sicher davon ausgehen, dass durch die Loslösung von den eingefahrenen Gedankengängen völlig unvorhergesehene und innovative Antworten gefunden werden.

Beispiel für ein imaginäres Brainstorming
Viele ältere Menschen haben Schwierigkeiten, die komplizierte Funktionsweise technischer Geräte und deren Handhabung zu erlernen. Sie verzichten daher häufig darauf, sich ein solches Gerät anzuschaffen. Um sich diese große Zielgruppe trotzdem als Kunden zu erschließen, beschließt das Unternehmen „Optitec", einen DVD-Spieler zu entwickeln, der sehr leicht anzuschließen und zu bedienen ist. Die Fragestellung lautet also: „Wie

muss ein DVD-Spieler funktionieren, damit er auch von älteren Menschen leicht bedient werden kann?“ Es werden nun spontan Begriffe gesucht, durch die man die zwei Hauptkomponenten des Problems, nämlich „DVD-Spieler“ und „ältere Menschen“, ersetzen kann. Dabei sollte darauf geachtet werden, dass die Vorschläge thematisch möglichst weit von den Vorgaben entfernt liegen. Es kommt zu folgenden Ideen:

- für „DVD-Spieler“: Obstkiste, Abendkleid, Snowboard, Regenschirm, Taucherbrille, Lexikon
- für „ältere Menschen“: Klavierspieler, Fischschwarm, Zoobesucher, Archäologen, Urwaldbewohner, Schornsteinfeger

Nun wird aus den verschiedenen Vorschlägen je einer ausgewählt und in die Ausgangsfrage eingesetzt. Das Problem lautet nun beispielsweise: „Wie muss ein Regenschirm funktionieren, damit auch ein Urwaldbewohner ihn leicht bedienen kann?“

Alle Beteiligten geben voller Begeisterung ihre Anregungen zum Besten:

- Der Regenschirm muss einen einfachen Mechanismus haben, damit der Urwaldbewohner ihn mit einem Handgriff öffnen kann.
- Der Mechanismus muss so gestaltet sein, dass ihn der Urwaldbewohner auch bedienen kann, wenn er keine Finger, sondern Klauen, Krallen oder Pfoten hat.
- Der Regenschirm muss stabil sein, damit er auch bei grober Handhabung nicht kaputt geht.
- Der Urwaldbewohner muss wissen, wozu er den Regenschirm benutzen kann, also um sich z. B. vor Nässe und vor Sonne zu schützen.
- Der Regenschirm muss eine vertraute Form und Farbe haben, damit der Urwaldbewohner keine Angst davor hat.
- etc.

Zunächst erscheint diese Stoffsammlung sehr abstrakt und wenig hilfreich. Bei näherer Betrachtung aber stellt man fest, dass sich die Aussagen relativ leicht und sehr erfolgreich auf das Ausgangsproblem übertragen lassen. Sehen Sie selbst:

- Der DVD-Spieler sollte möglichst wenige verschiedene Bedienungstasten haben.
- Die Bedienungstasten müssen groß und leichtgängig sein, damit auch Menschen mit Sehschwächen und motorischen Schwierigkeiten sie leicht bedienen können.

- Der DVD-Spieler sollte robust sein und auch bei kleineren Bedienungsfehlern nicht sofort den Dienst einstellen.
- Der Benutzer sollte wissen, dass er mit dem Gerät sowohl Filme als auch Musik abspielen kann.
- Das Gerät sollte in Form und Design einem gewöhnlichen Radio, Kassettenrekorder oder Videorekorder ähneln, um die Hemmschwelle zur Benutzung abzubauen.

So werden mit Spaß, Fantasie und Kreativität neue Ideen erzeugt und überzeugende Lösungen gefunden.

Destruktiv-konstruktives Brainstorming

Das destruktiv-konstruktive Brainstorming, auch Negativkonferenz genannt, ist eine spannende Variante des herkömmlichen Brainstormings. Wie auch die Flip-Flop- oder Kopfstandtechnik (siehe Kapitel 2.8) bedient sich diese Methode einer besonderen Eigenschaft des menschlichen Gehirns: Negative und destruktive Sichtweisen und Ideen fallen dem Menschen leichter als positive und konstruktive Perspektiven.
Die Ausgangsfrage beim destruktiv-konstruktiven Brainstorming ist also nicht: „Wie können wir die Sache besser machen?“, sondern: „Was ist an der Sache schlecht und was können wir noch schlechter machen?“ Die Vorgehensweise entspricht exakt dem „positiven“ Brainstorming: Die Teilnehmer äußern alle Ideen, Assoziationen und Gedanken zum definierten Problem spontan und unkommentiert. In diesem Fall wird aber nicht nach Lösungen, sondern nach Problemen gesucht. Alle Möglichkeiten, eine Problemlösung zu verhindern, werden aufgezählt. Auch Fehler und negative Aspekte, die bereits existieren, dürfen vergrößert und ausgebaut werden. Dies hat zur Folge, dass nicht nur eine neue Sichtweise entwickelt wird, sondern dass im selben Verfahren eine sehr detaillierte und schonungslose Bestandsaufnahme der Ist-Situation entsteht. Die gegenseitige Anregung spornt die Teammitglieder an und nimmt ihnen die Hemmungen; es fällt ihnen leichter, alle Bedenken, die sie gegenüber einem Projekt haben, zu äußern und dessen Schwächen aufzudecken. So erhält man eine sehr genau definierte Ausgangssituation und eine große Anzahl von intuitiven und vielfältigen Verschlechterungsvorschlägen.

Der zweite Schritt besteht nun darin, diese destruktiven Ideen und Gedanken in konstruktive umzuwandeln. Wenn also festgestellt wurde, dass ein Produkt viel zu teuer ist, ergibt sich automatisch, dass der Preis gesenkt werden muss. Ist ein Gerät zu reparaturanfällig, muss die Funktionsweise verändert werden, um die Störfaktoren zu beseitigen. Auf der Grundlage der umgedrehten Kriterien können schließlich in Gruppen- oder Einzelarbeit konkrete Strategien entwickelt werden, die zur definitiven Lösung des Problems führen.

Anonymes Brainstorming

Eine weitere alternative Form des herkömmlichen Brainstormings ist das anonyme Brainstorming. Es verbindet die Kriterien von intensiver Einzelarbeit mit den Vorteilen der gruppenorientierten Teamarbeit. Anonymes Brainstorming wird häufig dort eingesetzt, wo die Gruppenzusammensetzung sehr unterschiedlich ist und die Teilnehmer verschiedene fachliche Hintergründe haben; dies ist besonders häufig der Fall, wenn verschiedene Hierarchien eines Unternehmens zusammentreffen. Die anonyme Vorgehensweise erleichtert den Teilnehmern offene und spontane Äußerungen ohne Rücksicht auf die Meinung der anderen Beteiligten. In der Rangordnung niedriger stehende Mitarbeiter können ihre Ideen frei entfalten, ohne falsche Rücksicht auf die Ansichten ihrer Vorgesetzten nehmen zu müssen oder dies aus strategischen Gründen zu tun.
Beim anonymen Brainstorming stellt der Moderator zunächst das Problem oder die Aufgabenstellung vor. Dann werden alle Anwesenden aufgefordert, ihre Ideen, Vorschläge und Einfälle zu dieser Thematik auf Karteikarten zu notieren. Nach etwa einer halben Stunde werden die Karten eingesammelt, einzeln vorgelesen und sichtbar aufgehängt. Nacheinander werden nun in der Gruppe alle Karten analysiert und ausgewertet. Vorhandene Ideen werden auf ihren Nutzen und ihre Durchführbarkeit überprüft und in Gemeinschaftsarbeit weiterentwickelt. Hier setzt nun wieder der Brainstorming-Effekt der gegenseitigen Stimulierung und Anregung ein, denn häufig kommt es vor, dass ein Teilnehmer zwar einen bestimmten Einfall nicht selbst hatte, eine fremde Idee aber sehr wohl mit eigenen Ideen auszubauen und zu ergänzen weiß.

Aus der Fülle der gefundenen Lösungsmöglichkeiten wählt die Gruppe diejenigen aus, die besonders Erfolg versprechend sind und die als Basis für konkrete Problemlösungen dienen sollen.

Bionik

Die Bezeichnung Bionik ist eine Wortschöpfung aus den Bestandteilen „Biologie" und „Technik". Sie ist eine vereinfachte Form der Synektik und wird seit langem in vielen Bereichen wie Technik, Architektur, Design etc. zur Suche kreativer Lösungen eingesetzt.
Das Prinzip der Bionik beruht darauf, Lösungen aus der Natur auf technische Probleme zu übertragen. Dabei unterscheidet man zwei verschiedene Vorgehensweisen.
Beim sogenannten Top-Down-Prozess der Bionik werden für ein konkret existierendes Problem Vorbilder in der Natur gesucht. Dabei werden vier Phasen durchlaufen:

- Problemdefinition
- Analogiesuche in der Natur
- Analyse der gefundenen Analogien
- Transfer der gefundenen Eigenschaften auf das Ausgangsproblem

Der Bottom-Up-Prozess geht den umgekehrten Weg: Auffallende Eigenschaften und Abläufe in der Biologie werden analysiert und man sucht in der Folge Bereiche, auf die sich die gefundenen Lösungen anwenden lassen. Hier erfolgt der Ablauf in fünf Schritten:

- Grundlagenforschung in der Biologie
- Suche und Analyse eines biologischen Prinzips
- Abstraktion des Prinzips
- Suche nach möglichen Anwendungen im Bereich Technik, Design, Architektur etc.
- interdisziplinäre Entwicklung der Anwendung (Ingenieure, Statiker, Biologen, Designer etc.)

In der Geschichte der technischen Entwicklungen ist es allerdings auch schon vorgekommen, dass der Mensch Erfindungen gemacht hat, bei denen sich erst später herausstellte, dass es dafür in der Natur Vorbilder gibt (Beispiel: Fachwerkhaus – Knochenaufbau). Durch eine spätere Analyse des Knochenaufbaus mit modernen Untersuchungsmöglichkeiten wurden dann noch nachträgliche Verbesserungen und Perfektionierungen an der schon vorhandenen Fachwerkbauweise vorgenommen. Aufgrund des technischen Fortschrittes hat sich die Bionik seit dem Ende des letzten Jahrhunderts zu einem eigenständigen Forschungsgebiet entwickelt.

Beispiele für Entwicklungen auf Grundlage der Bionik

Die Bionik ist also eine Kreativitätstechnik, die speziell im technischen Bereich zur Anwendung kommt und besondere fachliche Kompetenzen erfordert. Die große Anzahl an Entwicklungen, die mithilfe der Bionik zustande gekommen sind oder durch sie verbessert wurden, zeigt die große Effektivität dieser Methode. Hier nur einige Beispiele:

Vorbild in der Natur	technisches Produkt/Einsatzgebiet
Klette (Pflanze)	Klettverschluss
Vogelflügel	Flugzeugtragfläche
Oktopus	Saugnapf
Katzenpfoten	Autoreifen
Löwenzahnsamen	Fallschirm
Selbstreinigung, Wasserabweisung bei Pflanzen	Lotus-Effekt bei Dachziegeln, Stoffen usw.
Haifischhaut	Flugzeugaußenhaut
Insektenfühler	Sensoren für Roboter
Fledermaus	Echolot
Delfin	Unterwasserkommunikation
Skelett des Dinosauriers	Kranbau
Samen des Ahornbaumes	Propeller

Semantische Intuition

Als Semantik bezeichnet man die Lehre von Sinn und Bedeutung der Sprache und sprachlicher Zeichen. Die semantische Intuition beruht auf dem Prinzip, dass der Mensch beim Hören oder Lesen eines bestimmten Begriffes automatisch eine bildhafte Vorstellung dieses Begriffes erzeugt. Dies gilt für bekannte ebenso wie für völlig neuartige Begriffe. Indem Wörter aus einem oder mehreren Bereichen analysiert und die einzelnen Bestandteile willkürlich wieder zusammengefügt werden, entstehen neue Begriffe, die zur Entwicklung neuer Gegenstände oder innovativer Methoden führen können.

Vorgehensweise und Beispiel

- Es wird der Bereich definiert, für den neue Ideen entwickelt werden sollen. Aus diesem Bereich werden bekannte Bezeichnungen gesammelt und zerlegt. Beispiel: Bereich Verlagsbranche – Kinder-Buch; Krimi; Lernhilfen; Fremdwörter-Lexikon; Monats-Zeitschrift; Roman-Serie usw.
- Die einzelnen Komponenten werden neu zusammengefügt. Beispiel: Kinder-Zeitschrift; Lernhilfe-Krimi; Monats-Lexikon; Fremdwörter-Zeitschrift; Serien-Lernhilfe usw.
- Die neu gefundenen Begriffe werden analysiert. Man versucht herauszufinden, ob sich hinter diesen Begriffen Möglichkeiten verbergen, neue Produkte zu entwickeln. Beispiel: eine neue Kinderzeitschrift; eine Lernhilfe, die in eine Kriminalgeschichte eingebettet ist; ein Lexikon, das monatlich erweitert wird; eine fremdsprachige Zeitschrift; eine Serie von Lernhilfen aus unterschiedlichen Fachbereichen usw.

Die völlig ungewohnte Zusammenstellung von Begriffen bewirkt eine Anregung der Kreativität und führt fast immer zu unvorhergesehenen und unerwarteten Ergebnissen.

Galeriemethode

Eine weitere intuitive Kreativitätstechnik, bei der Gruppen- und Einzelarbeit kombiniert werden, ist die Galeriemethode. Diese hat darüber hinaus den Vorteil, dass sie Mitarbeiter aus unterschiedlichen Bereichen eines Unternehmens in einer Gruppe zusammenbringt und damit eine größtmögliche Berücksichtigung sämtlicher Aspekte einer Problemstellung sicherstellt. Die Galeriemethode setzt sich aus sechs Schritten zusammen:

- Problemdefinition
- Ideenfindungsphase 1
- Präsentation
- Diskussion
- Ideenfindungsphase 2
- Auswertung

Zunächst wird in einer gemeinsamen Sitzung das Problem genau definiert. In der ersten Ideenfindungsphase suchen nun alle Beteiligten in Einzelarbeit nach geeigneten Lösungsansätzen. Dies kann in schriftlicher Form erfolgen, bei technischen Problemen hat sich auch eine grafische Darstellung der Lösungsmöglichkeiten bewährt. Wenn alle Teilnehmer ihre Vorschläge festgehalten haben, werden diese – wie Bilder in einer Galerie – im Raum aufgehängt. Nun kann sich jedes Teammitglied die Vorschläge der anderen Mitarbeiter in Ruhe ansehen, notieren und in Gedanken bewerten. Anschließend findet eine Gruppendiskussion statt, bei der alle Beteiligten ihre Meinung zu den gesammelten Vorschlägen abgeben können. Einzelne Vorschläge werden aussortiert, die thematisch beieinanderliegenden Ideen werden zusammengefasst und komplettiert. Es folgt die zweite kreative Phase, in der wiederum jeder Teilnehmer auf Grundlage der nun vorhandenen Vorschläge neue Anregungen, Weiterentwicklungen oder konkrete Problemlösungen generieren kann. In der Schlussphase werden alle gefundenen Lösungsansätze, die sich als realisierbar erweisen, aufgelistet – es entsteht ein Protokoll für eine praktikable, praxisnahe und erfolgreiche Strategieentwicklung.

Beispiel für die Anwendung der Galerietechnik

Wie bereits eingangs erwähnt, eignet sich diese Methode besonders für Gruppen, in denen Teilnehmer aus unterschiedlichen Bereichen gemeinsam an der Lösung eines Problems beteiligt sind. So ist es beispielsweise vorstellbar, dass in einem technischen Produktionsbetrieb die Produktionsabläufe optimiert werden müssen, um die Rentabilität der Firma zu erhöhen und gleichzeitig die Arbeitsbedingungen der Mitarbeiter zu verbessern. In diesem Fall sollten Vertreter aus allen Bereichen des Betriebes an der Problemlösung beteiligt werden: Arbeiter, Techniker, Betriebswirte, Geschäftsführung. Die Arbeiter werden ihre Sichtweise des Problems darstellen und beurteilen, ob mögliche Änderungen in der Praxis tatsächlich zu Verbesserungen führen werden; die Techniker wissen, ob Lösungsvorschläge technisch umgesetzt werden können; die Betriebswirte berechnen den Kosten-/Nutzenfaktor möglicher Investitionen; die Geschäftsführung muss entscheiden, in welchem Umfang Änderungen realisiert werden können und sollen. Im Verlauf der Galeriemethode wird also jeder einzelne Vorschlag aus allen möglichen Blickwinkeln beurteilt und weiterentwickelt. So stellt sich am Ende ein Ergebnis ein, das Hand und Fuß hat und sich auch in der Praxis bewähren wird.

3. Osborn, Relevanzbaum & Co. – diskursive Kreativitätstechniken

Der Begriff „diskursiv" geht auf das lateinische Wort „discursivius" zurück, das soviel bedeutet wie „fortschreitend erörternd". Thomas von Aquin (1225–1274) verwendete diesen Begriff als Erster, und auch Immanuel Kant (1724–1804) war einer der vielen Philosophen, die sich im Laufe der Geschichte mit diskursivem Denken beschäftigten. Diskursives Vorgehen bedeutet, dass neue Erkenntnisse durch logisch fortschreitendes Denken von Begriff zu Begriff gewonnen werden.

Die diskursiven Kreativitätstechniken zeichnen sich durch eine sehr systematische Vorgehensweise aus. Bei diesen Methoden werden die zu bearbeitenden Probleme genau analysiert und dann bis in die kleinsten Details zerlegt. So lässt sich die Problemstellung komplett erfassen, bevor die Lösung dann Schritt für Schritt bzw. von Begriff zu Begriff erarbeitet wird.

3.1 Morphologische Matrix und morphologischer Kasten

Auf einen Blick

Besonders geeignet für: Produktinnovationen; Produktverbesserungen; Neukombination von Produktmerkmalen
Teilnehmerzahl: Einzelperson oder Gruppe bis maximal 10 Personen (bei Gruppen ab 5 Personen ist ein Moderator erforderlich)
Zeitaufwand: 40 bis 80 Minuten
Nötige Hilfsmittel: Papier, Stifte, Blätter mit Matrizen oder Kästen zum Ausfüllen
Besonderheiten: alle Facetten auch komplexer Problemstellungen können erfasst werden; spricht vor allem schematisch denkende Teilnehmer an

Der Begriff „Morphologie" geht auf das griechische Wort „morphe" (Form, Gestalt) zurück. Morphologie bezeichnet demnach die „Lehre von der Formenbildung". Der Begriff wird in den unterschiedlichsten Wissenschaften verwendet. So bezeichnet

Morphologie in der Biologie die Lehre von den Gewebe-, Zell- und Körperformen, in der Sprachwissenschaft die Lehre von der Formenbildung der Wörter.

Der Schweizer Astrophysiker Fritz Zwicky (1898–1974) entwickelte die bekanntesten morphologischen Kreativitätstechniken: die morphologische Matrix (zweidimensional) und den morphologischen Kasten (dreidimensional). Bei beiden wird das Problem sehr schematisch hinsichtlich seiner Parameter und deren Ausprägungen zerlegt und die Lösung durch eine neue Kombination der Parameterausprägungen gefunden. Matrix und Kasten unterscheiden sich lediglich dadurch, dass beim Kasten eine zusätzliche Kategorie berücksichtigt wird.

Vorgehensweise

Der kreative Prozess erfolgt bei beiden Techniken in fünf Schritten:

- Genaue Definition der Problemstellung
- Festlegen der Parameter
- Sammeln der möglichen Ausprägungen der Parameter
- Bestimmung der möglichen Kombinationen
- Entscheidung über die optimale Alternative

Genaue Definition der Problemstellung
In diesem ersten Schritt ist es nicht nur erforderlich, das Problem genau zu umschreiben, sondern dieses auch möglichst zu verallgemeinern. So lassen sich wesentlich mehr Parameter, Ausprägungen und damit letztendlich Lösungen finden als bei einer zu fokussierten Problemstellung.
Beispiel: Es liegen etliche Kundenbeschwerden über die schlechte Scharnierqualität der ausgelieferten Schränke vor. Die Käufer monieren, dass die Scharniere bereits nach wenigen Wochen quietschen. Eine zu enge Problemstellung würde in diesem Fall bedeuten, dass man sich nur auf die Scharniere konzentriert und das Problem in etwa so definiert: „Wie verbessern wir die Qualität der Scharniere so, dass diese jahrelang geräuschfrei funktionieren?“ Verallgemeinert man die Problemstellung jedoch, könnte man sie folgendermaßen erweitern: „Wie verändern wir unsere

Schrankkonstruktion so, dass sich die Türen über Jahre hinweg geräuschfrei öffnen und schließen lassen?" Während man bei der engen Fragestellung nur die Scharniere verbessert, lassen sich bei der erweiterten Problemstellung echte Varianten wie Schränke mit Schiebetüren oder Rollläden erarbeiten.

Festlegen der Parameter
Zunächst werden die Parameter (auch Attribute, Faktoren oder Merkmale genannt) gesammelt, die das zu verbessernde Produkt oder das zu bearbeitende Problem in ihrer Gesamtheit darstellen.
Im bereits genannten Fall wären dies:

- Art der Türenbewegung
- Material der Türen
- Material des Schrankkorpus
- Art des Türschließens

Sammeln der möglichen Ausprägungen der Parameter
Nun schreibt man neben die Parameter die möglichen Ausprägungen, die diese haben können. Wichtig ist, dass in diesem Schritt auch unkonventionelle Lösungen eingebracht werden können. Außerdem gilt es zu beachten, dass die Parameter wirklich beeinflussbar und weitgehend voneinander unabhängig sind. In unserem Beispiel könnte so die folgende Matrix entstehen:

Parameter	Ausprägung 1	Ausprägung 2	Ausprägung 3	Ausprägung 4
Art der Türenbewegung	Rollen	Scharniere	Rollladenantrieb	Schienen
Material der Türen	Holz	Metall	Stoff	Pappe
Material des Schrankkorpus	Holz	Metall	Stoff	Pappe
Art des Türschließens	Schloss mit Schlüssel	Schnappschloss	Reißverschluss	Stoffbänder

Bestimmung der möglichen Kombinationen
Sind die Parameter und deren Ausprägungen sinnvoll und umfassend zusammengestellt, gilt es nun, die Kombinationen herauszufiltern, die zielführend für die Problemlösung sind. Dies kann

intuitiv erfolgen, indem die Teilnehmer die Matrix betrachten und festlegen, welche Kombinationen am sinnvollsten erscheinen. Es ist aber auch möglich, systematisch vorzugehen und jede denkbare Kombination aufzulisten, bevor die optimalen Kombinationen ausgewählt werden. Welche Vorgehensweise in diesem Stadium gewählt wird, hängt von der Komplexität der Problemstellung, der Anzahl der Parameter, der Anzahl der Parameterausprägungen sowie der Vorlieben der Teilnehmer und der Gruppengröße ab. Als Faustregel gilt: Je größer die Anzahl der Parameter, die Anzahl der möglichen Parameterausprägungen sowie die Anzahl der Teilnehmer ist, desto systematischer sollte vorgegangen werden.

In der Beispielmatrix sind einige der möglichen und sinnvollen Kombinationen miteinander verbunden.

Parameter	Ausprägung 1	Ausprägung 2	Ausprägung 3	Ausprägung 4
Art der Türenbewegung	Rollen	Scharniere	Rollladenantrieb	Schienen
Material der Türen	Holz	Metall	Stoff	Pappe
Material des Schrankkorpus	Holz	Metall	Pappe	Stoff
Art des Türschließens	Schloss mit Schlüssel	Schnappschloss	Reißverschluss	Stoffbänder

Entscheidung über die optimale Alternative

Abschließend ist aus den möglichen Kombinationen die optimale Lösung auszuwählen. Im betrieblichen Alltag kann es auch so sein, dass das Team, das die morphologische Matrix oder den morphologischen Kasten erarbeitet hat, beispielsweise drei geeignete Alternativen vorschlägt. Der Verantwortliche bzw. die Firmenleitung entscheidet dann über die zu realisierende Lösung – oftmals unter Berücksichtigung von Sachzwängen. Kosten könnten einen solchen Sachzwang darstellen. Gerade diese sollte man aber in vielen Problemstellungen aus zwei Gründen nicht als Parameter verwenden: Der ständige Gedanke an die Kosten schränkt die Kreativität sehr ein; außerdem sind Kosten in den meisten Fällen alles andere als unabhängig von den anderen Parametern.

Gunther Sachs – Playboy mit Tiefgang

Name: Gunther Sachs
Geburtsdatum: 14. November 1932
Geburtsort: Mainberg/Deutschland
Unternehmer, Fotograf, Kunstmäzen

Kreativität bedeutet im Fall von Gunther Sachs, einen vorgezeichneten Weg verlassen zu haben und, dank zweifelsohne glücklicher und abgesicherter Verhältnisse, der Gesellschaft in unerwarteten, glamourösen Bereichen etwas zurückzugeben. Seine Herkunft als Sohn eines bedeutenden Kugellager- und Motoren-Fabrikanten und seine Verwandtschaft zum Automobilpionier Adam Opel prädestinierten Sachs als machtvollen Industriemagnaten. Tatsächlich sträubte sich der spätere Lebemann keineswegs, den Grundstein für eine derartige Laufbahn zu legen: Nach einem Mathematik- und Wirtschaftsstudium nahm er eine Lehre als Feinmechaniker und dann als Bankkaufmann auf, arbeitete anschließend im elterlichen Unternehmen. In das Bewusstsein der Öffentlichkeit trat er hingegen als hervorragender Tennisspieler, Präsident des legendären „Cresta-Bob-Clubs" im Schweizer St. Moritz – und natürlich durch seine Amouren. So flirtete er mit der persischen Kaiserin Soraya und war von 1966 bis 1969 mit Brigitte Bardot verheiratet. Danach ehelichte er das schwedische Fotomodell Mirja Larsson. Auch als Förderer und aktiver Händler von Kunst – etwa der damals jungen Pop Art seines Freundes Andy Warhol – sowie als Fotograf und Filmemacher tauchte er regelmäßig in den Gesellschaftsteilen der Zeitungen und Magazine auf, die Millionen Bürger verschlangen, und brachte so etwas vom Flair des internationalen Jet Set in die deutschen Wohnzimmer.

Erfolgsrezept

Nachdem Gunther Sachs aus der Sicherheit des familiären Betriebs ausgeschieden war und aufgrund seines teils ausschweifenden Lebens hauptsächlich als Playboy wahrgenommen wurde, startete er eine Reihe von Aktivitäten, die ihm zwar Freude bereiteten, durchaus aber auch wirtschaftliche Erfolge bescherten. So baute er die Modekette „Micmac" auf, die am Ende über 400 Filialen verfügte, erhielt

→

für seine Liebhaberei Film zahlreiche Preise und verkaufte seine Bildbände mit Erfolg. Besonders beeindruckend ist die Fülle von Sachs' Aktivitäten und der Wille, es in jedem Feld zur Meisterschaft zu bringen.

Der morphologische Kasten

Erweitert man die Matrix auf einen Würfel, so lassen sich drei Hauptkategorien mit ihren unterschiedlichen Ausprägungsmöglichkeiten darstellen. Die Vorgehensweise ist genauso wie bei der morphologischen Matrix.
Beispiel: Für eine neue Reihe von Nachschlagewerken sucht das Lektoratsteam eines Verlages nach einer optimalen Buchausstattung bei gleichzeitig originellem Erscheinungsbild.

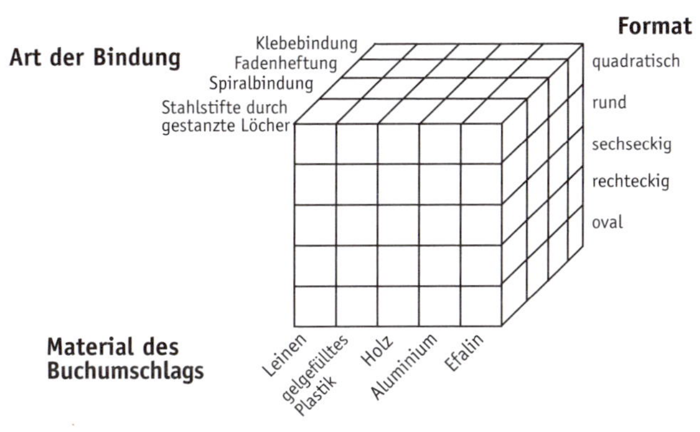

Übungen

Um im beruflichen oder privaten Alltag kreative Ideen zu entwickeln, ist es sehr hilfreich, zu Übungszwecken auch außergewöhnliche Problemstellungen zu bearbeiten. Die folgenden Themenvorschläge zur Arbeit mit dem morphologischen Kasten oder der morphologischen Matrix für Einzel- oder Gruppenübungen dienen der Anregung:

- Verbesserung der Ausstattung einer Rosskastanie hinsichtlich Wetterbeständigkeit und Aufprallverhalten

- Entwicklung eines Befestigungsverfahrens für dauerhaft am Kleidungsstück bleibende Knöpfe
- Bewässerung von Zimmerpflanzen während der Abwesenheit des Besitzers
- Entwicklung einer Taschentuchverpackung, die während des Autofahrens mit einer Hand zu öffnen ist

Stolpersteine

Bei der Arbeit mit der morphologischen Matrix und dem morphologischen Kasten sollten die folgenden Hindernisse vermieden werden:

- Auswahl zu vieler Parameter
  Ein Produkt oder ein Problem wird letztendlich durch einige wenige markante Eckpunkte definiert. Zu viele ausgewählte Parameter erschweren das Finden einer optimalen Lösung. Auch bei einem sehr komplexen Produkt oder einer sehr komplizierten Problemstellung sollte die Anzahl der Parameter nicht größer als sechs sein.
- Voreilige Kritik
  Man sollte auf jeden Fall alle denkbaren Ausprägungen zulassen, auch wenn sie zunächst als wenig zielführend erscheinen. Sie könnten als wertvolle Anregung dienen oder aber in Kombination doch eine optimale Lösung ergeben.

3.2 Progressive Abstraktion

Auf einen Blick

Besonders geeignet für: Ideenfindung im Veränderungsmanagement, Anforderungsliste an ein neues Produkt
Teilnehmerzahl: Einzelperson oder Gruppe bis 8 Personen mit Moderator
Zeitaufwand: ca. 90 Minuten, sehr stark abhängig von der Problemstellung
Nötige Hilfsmittel: Papier, Schreibzeug; in der Gruppe zusätzlich Flipchart zur Dokumentation der Ideen
Besonderheiten: Teilnehmer sollten mit der Methode zumindest theoretisch vertraut sein

Die progressive Abstraktion wurde von Horst Geschka erfunden. Professor Geschka ist Gründungsvorsitzender und Mitglied des Vorstands der „Gesellschaft für Kreativität e.V." sowie Inhaber des Dr.-Otto-Röhm-Stiftungslehrstuhls für Unternehmensgründung der TU Darmstadt.
Die Bezeichnung „progressive Abstraktion" leitet sich aus dem Lateinischen ab; „progressiv" heißt „fortschreitend, sich entwickelnd", „Abstraktion" steht für „Verallgemeinerung". Arbeitet man mit der Kreativitätstechnik der progressiven Abstraktion, entfernt man sich also fortschreitend vom Einzelnen und entwickelt das Problem hin zum Allgemeinen. Die zentralen Fragen der progressiven Abstraktion lauten: „Worum geht es eigentlich?" bzw. „Worauf kommt es wirklich an?". Durch wiederholtes Stellen dieser Fragen gelingt es, das Problem weiter zu fassen, zu abstrahieren und dadurch letztendlich auch weiter reichende Lösungen zu entwickeln, als dies auf den ersten Blick möglich erscheint.

Vorgehensweise

Die progressive Abstraktion verläuft in mehreren Schleifen, in denen von der eigentlichen Problemstellung ausgehend immer wieder die Frage gestellt wird, worum es eigentlich geht, was also die zugrundeliegende Problemstellung ist. Schritt für Schritt wird wie folgt vorgegangen:

- Vorbereitung
- Problemdefinition
- erstes Brainstorming
- erste Kritikrunde
- erste Abstraktion
- zweites Brainstorming
- zweite Kritikrunde
- Iterationsschleifen
- Lösung

Vorbereitung
Die Teilnehmer machen sich bereits einige Tage vor der Sitzung mit der Vorgehensweise der progressiven Abstraktion vertraut. Der Moderator, der die Sitzung leitet und auch protokolliert, muss vorab bestimmt und verpflichtet werden.

Problemdefinition
Das zu bearbeitende Ausgangsproblem bzw. die Fragestellung wird präzise formuliert.

Erstes Brainstorming
In einem ersten Brainstorming (siehe Kapitel 2.1) werden mögliche grundlegende Ursachen und deren Lösungen zusammengetragen.

Erste Kritikrunde
Anders als beim Brainstorming wird bereits jetzt entschieden, welche Ursache relevant, welche Lösung brauchbar ist. Auf dieser Grundlage wird weitergearbeitet.

Erste Abstraktion
Mit den Fragen „Worum geht es eigentlich? Worauf kommt es wirklich an?“ wird nun die Problemstellung grundlegender analysiert.

Zweites Brainstorming
Lösungen für die abstrahierte Problemstellung werden gesucht und gesammelt.

Zweite Kritikrunde
Gleich im Anschluss werden die Vorschläge wieder in brauchbar und unbrauchbar eingeteilt und nur die als sinnvoll erkannten Lösungen gesammelt.

Iterationsschleifen
Ab hier verläuft das Verfahren der progressiven Abstraktion in mehreren Durchgängen immer wieder in den Schritten
Abstraktion – Brainstorming – Kritik – Lösungssammlung.

Lösung
Abschließend werden die möglichen Lösungen evaluiert. Entweder entscheidet das Kreativitätsteam über die optimale Lösung, die es umzusetzen gilt, oder aber die besten zwei bis drei Lösungsalternativen werden den Entscheidungsträgern zur Auswahl vorgelegt.

Beispielsitzung „Progressive Abstraktion“

Ausgangssituation
In einem Supermarkt in einem gemischten Wohn- und Gewerbegebiet stellen sich die über zwei Monate erhobenen durchschnittlichen Wartezeiten an den drei Kassen wie in der Übersicht gezeigt dar.

	Montag	Dienstag	Mittwoch	Donnerstag	Freitag	Samstag
8.00 bis 10.00 Uhr	7 Minuten	3 Minuten	4 Minuten	3 Minuten	4 Minuten	9 Minuten
10.00 bis 12.00 Uhr	2 Minuten	1 Minute	2 Minuten	3 Minuten	4 Minuten	7 Minuten
12.00 bis 14.00 Uhr	8 Minuten	7 Minuten	7 Minuten	8 Minuten	9 Minuten	4 Minuten
14.00 bis 16.00 Uhr	3 Minuten	2 Minuten	2 Minuten	4 Minuten	10 Minuten	8 Minuten
16.00 bis 18.00 Uhr	6 Minuten	5 Minuten	5 Minuten	7 Minuten	11 Minuten	9 Minuten
18.00 bis 20.00 Uhr	7 Minuten	6 Minuten	6 Minuten	9 Minuten	8 Minuten	(geschlossen)

Erfahrungsgemäß werden die Kunden bei einer Wartezeit, die über vier Minuten liegt, ungeduldig, bei einer Wartezeit über sieben Minuten wird von einzelnen Kunden der Einkauf sogar abgebrochen.

Problemdefinition
Wie kann die Wartezeit an der Kasse so verkürzt werden, dass sie zu keinem Zeitpunkt in der Woche über vier Minuten liegt?

Erstes Brainstorming
Im ersten Brainstorming werden folgende Lösungen gefunden:
- Zwei zusätzliche Kassen werden aufgebaut.
- Es werden Mitarbeiter eingestellt, die wie in den USA die Einkäufe für die Kunden einpacken, sodass die Verweildauer, bis der Kunde die Kasse verlässt und der nächste Kunde bedient werden kann, deutlich sinkt.

Erste Kritikrunde
- Die bauliche Situation lässt im Kassenbereich keine Vergrößerung zu, es können also keine weiteren Kassen angeboten werden.

- Zu den Spitzenzeiten könnten „Einpacker" eingestellt werden, der Effekt auf die Wartezeit könnte jedoch zu gering sein.

Erste Abstraktion – Worum geht es eigentlich?
Nicht fehlende Kassen sind das Problem, sondern die Tatsache, dass zu den Stoßzeiten zu viele Kunden gleichzeitig im Supermarkt einkaufen. Neue Fragestellung: Wie lässt sich vermeiden, dass zu viele Kunden in den Stoßzeiten kommen – natürlich ohne den Umsatz zu verringern?

Zweites Brainstorming
- Es wird ein Einkaufsservice angeboten, der den Kunden nach einer gefaxten Einkaufsliste die Einkäufe zur gewünschten Zeit nach Hause liefert.
- Die Kunden können ihren Einkaufszettel im Supermarkt abgeben und die fertig gepackten und berechneten Einkäufe zu einem vereinbarten Termin abholen. Die Rechnungsstellung erfolgt wöchentlich per Abbuchung.

Zweite Kritikrunde
Der erste Vorschlag erscheint so personalintensiv, dass die Aufschläge, die berechnet werden müssten, die Kunden abschrecken könnten. Der zweite Vorschlag hingegen könnte realisierbar sein – allerdings mit der Einschränkung, dass im Sommer die Kühlmöglichkeiten für die fertig gepackten Tüten knapp werden könnten. Beide Vorschläge haben den Nachteil, dass Kunden keine Spontankäufe mehr tätigen und so der Umsatz doch gefährdet ist.

Zweite Abstraktion – Worum geht es eigentlich?
Es gilt, die Kundenströme gleichmäßiger über den ganzen Tag zu verteilen, also nicht nur weniger Kunden zu den Stoßzeiten, sondern auch mehr Kunden zu den Zeiten, die bisher eher ruhig waren, im Supermarkt zu haben. Neue Fragestellung: Wie lassen sich die Kundenströme gleichmäßiger verteilen?

Drittes Brainstorming
- Mit einem Rabattsystem könnten die Kunden belohnt werden, die zu den Zeiten einkaufen, in denen bisher nur geringe Wartezeiten anfielen.

- Kunden, die zu den ruhigeren Zeiten einkaufen, könnten besondere Serviceleistungen erhalten wie kostenlose Tüten, einen sehr günstigen Lieferservice oder ein Freigetränk.

Dritte Kritikrunde

Beide Vorschläge scheinen praktikabel. Allerdings lösen sie nicht das Problem, dass die berufstätigen Kunden nur zu bestimmten Zeiten einkaufen können.

Lösungsevaluierung

Es ist bekannt, dass zwar überwiegend Berufstätige zu den Stoßzeiten einkaufen, aber eben nicht nur. Daher erscheint es sinnvoll, sowohl Kunden wie Rentner oder Nichtberufstätige zu den ruhigen Zeiten in den Supermarkt zu locken als auch Serviceleistungen für Berufstätige anzubieten.

Gewählte Lösungen

Das Kreativitätsteam entscheidet sich für folgenden Lösungsmix, der auch unter Kostengesichtspunkten ideal erscheint:

- Für Stoßzeiten werden Einpacker eingestellt.
- Der Einkaufsservice mit Lieferung wird nicht den Einzelkunden, aber den Mitarbeitern der zwei größten Firmen im Einzugsgebiet angeboten. Die Einkäufe können dann gesammelt in den Firmen abgegeben werden. Die Einkäufe werden pro Kunden sortiert und die Rechnung wird monatlich vom Konto abgebucht.
- Zu den Zeiten, zu denen bisher die Wartezeiten an den Kassen drei Minuten oder niedriger waren, bietet der Supermarkt 1,5 Prozent Rabatt.

Stolpersteine

- Durch das fortschreitende Abstrahieren besteht die Gefahr, dass man über das Ziel hinausschießt. Das Problem wird dann nicht einfach auf die nächste Stufe der Verallgemeinerung gehoben, sondern zu weit weg vom Kernproblem analysiert. Anders als bei anderen Kreativitätstechniken sollte man daher bei der progressiven Abstraktion nicht völlig losgelöst von der Realität arbeiten, sondern in allen Arbeitsschritten für eine gewisse Bodenhaftung sorgen. In der Gruppe ist dies natürlich Aufgabe des Moderators, bei der Einzelarbeit ist erfahrungsgemäß die Gefahr des „Abhebens“ nicht so groß.

- Nach einigen Iterationsschleifen gerät das Team sehr schnell in Bereiche, die von der Gruppe oder sogar vom übergeordneten Entscheidungsträger nicht mehr beeinflusst werden können. Spätestens dann ist das Ende der Arbeit mit der progressiven Abstraktion erreicht. Sobald also sehr gute, umsetzbare, im Einflussbereich liegende Lösungen gefunden sind, sollte die Liste der Lösungsalternativen erstellt und die Sitzung beendet werden.

3.3 Osborn-Checkliste

Auf einen Blick

Besonders geeignet für: Weiterentwicklung einer bereits bestehenden Lösung; als Nachbearbeitung eines Brainstormings
Benötigte Hilfsmittel: Blanko-Checklisten, Schreibzeug
Teilnehmerzahl: Einzelperson oder Gruppe bis 12 Personen
Zeitaufwand: mehrere Sitzungen à ca. 70 Minuten
Besonderheiten: zur Entwicklung von Neuprodukten ungeeignet; nicht zu allen Punkten der Checkliste müssen Ideen gefunden werden, die Methode liefert auch selektiv angewandt gute Ergebnisse

Alex Osborn (1888–1966) war einer der Gründer der heute noch existierenden und international tätigen Werbeagentur BBDO. Er gilt als Erfinder des Brainstormings (siehe Kapitel 2.1). Der US-Amerikaner hat sich eine Reihe weiterer Kreativitätstechniken ausgedacht, die er auch selbst für seine Tätigkeit in der Werbung anwandte. Eine der bekanntesten Entwicklungen des studierten Philosophen ist die nach ihm benannte Osborn-Checkliste. Die Arbeit mit dieser Technik zwingt den Anwender regelrecht dazu, in verschiedene Richtungen zu denken. Dadurch wird verhindert, dass man sich mit der ersten sinnvoll erscheinenden Lösung zufriedengibt. Insbesondere im Anschluss an ein Brainstorming können so die Lösungsalternativen vertieft und erweitert werden. Auf diese Weise ist gewährleistet, dass wirklich neue Erkenntnisse gewonnen und nicht nur Varianten der ersten schnell gefundenen Lösungen produziert werden.

Vorgehensweise

Auch hier ist der erste Schritt die genaue Definition der Fragestellung. Im Anschluss wird mithilfe der Checkliste in verschiedene Richtungen gedacht. Die Checkliste besteht aus neun vorgegebenen Bereichen und kann um beliebig viele problemspezifische Bereiche ergänzt werden. Wichtig ist, dass alle Bereiche durchgearbeitet und gründlich analysiert werden. Nur so kann es gelingen, wirklich neue Perspektiven zu sehen und somit variantenreichere Möglichkeiten zu entwickeln. Nach einer abschließenden Analyse, welche Alternativen sinnvoll erscheinen, können dann die umzusetzenden Lösungskomponenten festgelegt werden.

Die Checkliste

Bereich	Mögliche Fragestellungen dazu
1. Andere Verwendungsmöglichkeiten	Können Produkt oder Methode auch in einen anderen Zusammenhang gestellt werden? Auf welche Weise könnte das Produkt anders eingesetzt werden?
2. Anpassen	Welche Produkte ähneln diesem Produkt? Welche Parallelen gibt es? Kann von diesen etwas übernommen oder nachgeahmt werden?
3. Modifizieren	Können Eigenschaften wie Größe, Farbe, Form, Klang oder gar Geruch verändert werden?
4. Vergrößern	Kann etwas hinzugefügt werden? Kann das Produkt größer gemacht werden? Oder lässt es sich vervielfältigen, z. B. dadurch, dass ein Verlagsprodukt öfter erscheint? Kann eine Eigenschaft des Produkts übertrieben groß gemacht werden?
5. Verkleinern	Kann etwas weggelassen werden? Kann das Produkt kleiner gemacht werden? Ist eine Liliput-Ausgabe des Produkts denkbar?
6. Ersetzen	Kann eine oder können mehrere Eigenschaften des Produkts durch andere ersetzt werden?
7. Umgruppieren	Können Einzelteile anders angeordnet werden? Kann in der Reihenfolge der Elemente etwas verändert werden?
8. Umkehren	Lässt sich das Produkt oder die Idee ins Gegenteil verkehren? Was wäre das Gegenteil der Hauptprodukteigenschaft?
9. Neu kombinieren	Lassen sich einzelne Eigenschaften oder Elemente neu kombinieren? Lassen sich einzelne der während der Sitzung erarbeiteten Ideen kombinieren, sodass eine Produktvariante entsteht?

Eckart Witzigmann – Koch des Jahrhunderts

Name: Eckart Witzigmann
Geburtsdatum: 4. Juli 1941
Geburtsort: Bad Gastein/Österreich
Koch, Unternehmer

Wer als Koch nach oben will, muss über eine breite Palette an Fähigkeiten verfügen: Er muss das Handwerk von Grund auf lernen und dazu über Jahre eine harte Arbeitsbelastung akzeptieren, oft in Häusern rund um den Globus. Während der Zeit, in der ein ambitionierter junger Koch unter verschiedenen Meistern arbeitet, muss er dennoch seinen eigenen Stil entwickeln, um später die Chance zu erhalten, aus dem Schatten seiner Lehrer hervorzutreten. Selbst etablierte Top-Köche müssen ihre Gerichte stets weiterentwickeln und sich auf wechselnde Stile und Moden des Gästegeschmacks einstellen. Zweifelsohne: Eckart Witzigmann besitzt all diese Gaben. Seine Lehre startete er mit 16 in seiner Heimatstadt Bad Gastein im Hotel Straubinger und ließ sich auch nicht entmutigen, als er seine Gesellenprüfung – abgelenkt durch eine Jugendliebe – versiebte und wiederholen musste. Später folgten Stationen im Elsass und bei Paul Bocuse in Lyon. 1971 wurde er Chefkoch im Münchener „Tantris" und eröffnete 1979 das „Aubergine", das in den 1980er-Jahren meist Wochen im Voraus ausgebucht war. Zu dieser Zeit wurde er als erster deutschsprachiger Koch und als dritter weltweit außerhalb Frankreichs mit drei Sternen des Restaurantführers Guide Michelin ausgezeichnet. Sein Wissen macht Witzigmann der breiten Öffentlichkeit in zahlreichen Kochbüchern und Kochshows im Fernsehen zugänglich.

Erfolgsrezept

Nach einem Kokain-Skandal verlor Witzigmann 1993 die Konzession für das Aubergine. Er haderte nicht mit seiner Strafe, sondern arbeitete konsequent weiter. Schon ein Jahr später erhielt er vom Gourmetführer Gault Millau den Titel „Koch des Jahrhunderts", den vor dem Österreicher erst drei Küchenzauberer – darunter Paul Bocuse – erhalten hatten. Bemerkenswert ist auch, wie viele spätere Starköche bei Witzigmann gelernt haben: Harald Wohlfahrt, Hans Haas, Alfons Schuhbeck und Johann Lafer tragen den Ruhm Witzigmanns weiter.

Variante

Statt die Checkliste Schritt für Schritt durchzuarbeiten, können die Einzelaspekte auch nach dem Zufallssystem erarbeitet werden. Dafür schreibt man die Einzelbereiche auf Karten, die man dann wie Lose aus einem Gefäß zieht. Durch diese sprunghafte Vorgehensweise können sich völlig neue und noch ausgefallenere Ideen ergeben.

Beispielsitzung „Osborn-Checkliste"

Die Einladungen zur jährlichen Branchenmesse gehen in der Fülle der bei den Kunden eingehenden Post leicht verloren. Nach der Messe hört das Vertriebsteam dann oft, „ich hatte Ihre Einladung nicht mehr und wusste nicht, wann Ihre Veranstaltung stattfindet, wo Ihr Stand platziert ist ...".

Problemdefinition
Die konkrete Fragestellung lässt sich wie folgt definieren: Wie können wir unsere Messe-Einladungen so gestalten, dass sie nicht nur auffallen, sondern es unseren Kunden wert sind, sorgfältig aufbewahrt zu werden?

Bearbeitung der Checkliste
Mithilfe der Osborn-Checkliste erarbeitet das Vertriebsteam die in der Übersichtstabelle dargestellten Ideen.

Bereich	Ideen dazu
1. Andere Verwendungsmöglichkeiten	Die Einladung könnte zusätzlich verwendet werden als: ● Gutschein für das Messerestaurant ● Anfahrtsplan für die Messe ● Messeplan ● Terminplaner ● Checkliste zum Kofferpacken für die Messe
2. Anpassen	Eine Messeeinladung ähnelt allen Einladungskarten, aber auch beispielsweise Geburtstagskarten. Von diesen könnte man folgende Ausstattung abkupfern: ● witzigen Spruch einfügen →

Bereich	Ideen dazu
	• mit Musik oder Geräusch versehen • mit Gutscheinfach ausstatten • als Puzzle gestalten
3. Modifizieren	Die Messeeinladung könnte hinsichtlich • Geruch (auf Duftpapier drucken) • Form (rund, dreieckig, sechseckig, achteckig) • Material (statt auf Papier auf Stoff drucken) verändert werden.
4. Vergrößern	Die Messeeinladung könnte • umfangreich wie ein Buch oder eine Broschüre • groß wie ein Poster • stark wie ein Brett • vier- statt zweiseitig gestaltet werden.
5. Verkleinern	Denkbar wäre: • Minischrift mit mitgelieferter Lupe • Minibuch, das auf jeder Seite nur wenige Worte hat. Andere Verkleinerungen erscheinen dem Team, da es ja um Auffälligkeit und Wertigkeit geht, nicht sinnvoll.
6. Ersetzen	Statt einer gedruckten Einladung könnte • eine Hörbotschaft auf CD • oder eine Videobotschaft versandt werden.
7. Umgruppieren	Da die Einladung aus nur sehr wenigen Komponenten besteht, fand das Team keine Ansätze zu einer Umgruppierung.
8. Umkehren	Statt die Kunden einzuladen, kann man Ihnen auch verbieten zu kommen. Aufmerksamkeit sichert das, aber sinnvoll ist es nicht. Daher fand das Team eine andere Variante der Umkehrung, die doppelte Umkehrung: Den Kunden könnte verboten werden, nicht zu kommen.
9. Neu kombinieren	Wie bei Punkt 7 entstanden auch hier keine Vorschläge.

Lösung

Dieses Jahr verschickt das Unternehmen Einladungen, die auf leichtes Balserholz in DIN A5 gedruckt werden und wie eine

Geburtstagskarte vierseitig sind. Auf der Rückseite sind sie mit einem Terminplan versehen, auf dem der Kunde alle seine Messetermine eintragen kann. Auf der Vorderseite ist ein Lageplan der Messehallen aufgedruckt.

Stolperstein

Es ist wichtig, die Arbeit mit der Osborn-Checkliste nicht zu früh zu beenden. Nur bei hartnäckigem Nachdenken und Weiterentwickeln der Ideen ist gewährleistet, dass auch unkonventionelle Lösungsansätze gefunden werden.

3.4 Relevanzbaumanalyse

Auf einen Blick

Geeignet für: Beschreibung komplexer Sachverhalte; ideales Verfahren, um den Kern eines Sachverhalts zu finden
Benötigte Hilfsmittel: Flipchart
Teilnehmerzahl: Einzelperson oder kleine Gruppe bis 5 Teilnehmer
Zeitaufwand: maximal 60 Minuten
Besonderheiten: Startet am Endpunkt und geht dann schrittweise zurück; analytisch-systematische Vorgehensweise

In der unternehmerischen Praxis wie im Privatleben gibt es eine Vielzahl von Zuständen, die zwar als unbefriedigend angesehen werden, aber den Betroffenen oder Beteiligten als nur schwer veränderbar erscheinen. Dies ist der ideale Ausgangspunkt für eine Relevanzbaumanalyse. Diese Kreativitätstechnik nimmt einen bestehenden Sachverhalt zunächst als gegeben hin und zerlegt ihn dann so lange in Einzelelemente bis der Kern des Sachverhalts klar wird.

Vorgehensweise

Die Relevanzbaumanalyse startet bei der genauen Zustands- oder Problemdefinition. Dabei ist auf eine sehr sorgfältige Eingrenzung zu achten. Im Anschluss werden die Entscheidungen bzw. die Merkmale aufgelistet, die zum bestehenden Zustand geführt haben. Diese Elemente werden bereits während ihrer Auflistung hierarchisch strukturiert. Ist die Sammlung aller möglichen Einflussgrößen und deren hierarchische Gliederung abgeschlossen, wird im entstandenen Relevanzbaum eingetragen, welches die ausschlaggebenden Entscheidungen oder Merkmale sind, die zu der veränderungsbedürftigen Situation geführt haben. Im Anschluss können beispielsweise mithilfe eines Brainstormings (siehe Kapitel 2.1) Alternativen für die als relevant eingestuften Merkmale bzw. Entscheidungen gesucht werden. Aus diesen Ergebnissen lassen sich Strategien für zukünftige Entscheidungsfindungen ableiten. In Einzelfällen sind sogar grundsätzliche Probleme in der Ablauf- oder Aufbauorganisation erkennbar.

Beispielsitzung „Relevanzbaumanalyse"

In der Wunderschön Textil AG, die sich auf klassische Damenmode spezialisiert hat, fällt auf, dass in mehreren Saisonkollektionen Kleider der Größen 34 und 36 nicht abverkauft wurden, während Röcke, Hosen und Blusen auch in diesen Größen stets innerhalb der Saison nahezu ausverkauft werden konnten. Während die Mitarbeiter der Design- und Nähabteilungen die Marketing- und Vertriebsabteilungen für das Problem verantwortlich machen, sehen diese eher Stoffe, Schnitt und Design als verantwortlich an. Die Problemdefinition lautet: „Kleider verkaufen sich in kleinen Größen schlecht."
Das Team erarbeitet in sehr kontroversen Diskussionen den dargestellten Relevanzbaum.

Kleider verkaufen sich in kleinen Größen schlecht

Zielgruppen	Zierliche Frauen zwischen 20 und 30 Jahren	Zierliche Frauen zwischen 31 und 45 Jahren	Zierliche Frauen über 46 Jahren
Marktforschungsergebnisse	40 % der Frauen dieser Altersgruppe tragen Kleidergröße 34 oder 36.	30 % der Frauen dieser Altersgruppe tragen Kleidergröße 34 oder 36.	25 % der Frauen dieser Altersgruppe tragen Kleidergröße 34 oder 36.
Modetrends	Frauen dieser Altersgruppe tragen kaum Kleider, einzige Ausnahme in dieser Saison: ein bestimmter Typus Wickelkleid.	Tragen nur Kleider, wenn diese absolut im Trend sind, da diese Zielgruppe Kleidung meidet, die ältlich wirken könnte.	Tragen gerne Hemdblusenkleider.
Schnitt	Keine Wickelkleider im Sortiment.	Über spezielle Kleider für diese Zielgruppe wurde noch nicht nachgedacht.	Hemdblusenkleider gehören zum Standard der Wunderschön AG.
Werbemittel	Werbemittel für diese Zielgruppe enthalten keine Kleider.	In den Werbemitteln für diese Zielgruppe werden Hemdblusenkleider angeboten.	Diese Zielgruppe erhält den allgemeinen Katalog, in dem alle Kleider von jungen Models getragen werden.

Lösungsansätze

Schon bei einer kurzen Analyse des Relevanzbaumes zeigen sich folgende Parameter zur Entschärfung des Problems:

- Die Hauptzielgruppe für die Kleider sind die über 46-jährigen Frauen. Nur ein Viertel dieser Frauen trägt Kleidergröße 34 oder 36, also sollte der Anteil der in dieser Größe produzierten Kleider verringert werden.
- Für die Zielgruppe der über 46-jährigen Frauen sollte ein eigenes Werbemittel entworfen werden, in dem die Kleider von Models im mittleren Alter getragen werden.
- Das Unternehmen muss im Vorfeld wissen, wann welche Kleider Trend sind, um sowohl für die 20- bis 30-Jährigen als auch für die 31- bis 45-Jährigen aktuelle Modelle entwerfen und in die Kollektion aufnehmen zu können.

Diese ersten Lösungsansätze müssen in eigenen Kreativsitzungen evaluiert, entwickelt und auch erweitert werden.

Übungen

Die Relevanzbaumanalyse lässt sich sehr gut allein durchführen. Versuchen Sie es mit den folgenden Themenstellungen:

- Die Überall GmbH, die Computerchips herstellt und vertreibt, expandiert seit einiger Zeit international. Die Umsätze steigen von Jahr zu Jahr, doch seit zwei Geschäftsjahren nimmt der Gewinnanteil ab. Woran kann dies liegen und wie kann die Situation geändert werden?
- Obwohl die Kunstzeitschrift *Maler und Mäzen* im vergangenen Halbjahr mehrfach ausgezeichnet wurde, sinkt die Anzahl der Abonnenten seit der letzten Kunstmesse documenta ständig. Analysieren Sie die möglichen Ursachen dafür und finden Sie Lösungsmöglichkeiten.

Vor- und Nachteile der Relevanzbaumanalyse

Diese Kreativitätstechnik kann recht schnell, sogar spontan während einer Besprechung eingesetzt werden. Die Teilnehmer brauchen keine Vorkenntnisse zu haben. Mit der Relevanzbaumanalyse gelingt es, ein auf den ersten Blick sehr komplexes Problem in überschaubare und damit beeinflussbare Einzelelemente zu zerlegen.

Andererseits liegt gerade in dieser Zerlegung auch eine Gefahr: Zusammenhänge können verloren gehen und alleine die Auswahl der Merkmale ist schon individuell beeinflusst und nicht völlig objektiv.

3.5 Ursache-Wirkungsdiagramm

Auf einen Blick

Besonders geeignet für: systematische Ermittlung von Ursachen eines Qualitäts-, Organisations- oder Ablaufproblems
Benötigte Hilfsmittel: Blanko-Diagramme, Schreibzeug, Flipchart
Teilnehmerzahl: Besser für Gruppenarbeit als für Einzelpersonen geeignet
Zeitaufwand: 90 bis 120 Minuten
Besonderheiten: stellt Ursachen eines Problems in einen logischen, hierarchisch gegliederten Zusammenhang

Der japanische Chemiker Kaoru Ishikawa (1915–89) entwickelte zahlreiche Qualitätswerkzeuge und gilt als einer der Pioniere des Qualitätsmanagements in Japan. Ishikawa war unter anderem Präsident des japanischen Verbands der Wissenschaftler und Ingenieure. Er gilt als einer der Väter des sogenannten Qualitätszirkels, eines mittlerweile weltweit angewandten Konzepts zur Qualitätssicherung in Unternehmen.

Um Qualitäts- oder andere Probleme zu lösen, muss man deren Ursachen genau kennen. Geht man zu konservativ oder zu oberflächlich an diese Ursachenforschung heran, findet man nur sehr konventionelle Lösungen. Um sicherzustellen, dass bei der Ursachenforschung in alle erdenklichen Richtungen gedacht wird, entwickelte Ishikawa in den 1950er-Jahren das Ursache-Wirkungsdiagramm, das auch Ishikawa-Diagramm genannt wird. Wegen seines Aussehens wird die Kreativitätstechnik auch als Fischgräten-Diagramm oder – wenn es senkrecht statt waagrecht gezeichnet wird – Tannenbaum-Diagramm bezeichnet. Zweck dieser Technik ist es, Abläufe, Ereignisse, Entscheidungen und Fehler so darzustellen, dass klar wird, welche Ursache welchen Zustand bewirkt hat.

Vorgehensweise

Nachdem das Team für die Arbeit mit dieser Technik zusammengestellt worden ist, entsteht das Ursache-Wirkungsdiagramm in folgenden Schritten:

- Problemformulierung
- Erarbeiten der Hauptursachen
- Erarbeiten der Nebenursachen
- Herausarbeiten der wahrscheinlichsten Ursachen
- Überprüfen der wahrscheinlichsten Ursachen
- Definieren der Problemtreiber
- Erarbeiten von Lösungsmöglichkeiten

Problemformulierung
Als Ausgangspunkt der Arbeit sollte das Problem exakt definiert, aber nicht zu eng formuliert werden. Durch eine etwas weiter gefasste Problemdefinition werden mehr mögliche Ursachen und deren Nebenursachen erfasst. Das erhöht die Wahrscheinlichkeit, dass wirklich die entscheidende Ursache herausgearbeitet werden kann.
Zunächst wird ein waagrechter Pfeil von links nach rechts gezeichnet – das Rückgrat des Fisches. An die Pfeilspitze wird dann das Problem geschrieben – dies markiert sozusagen den Kopf des Fisches.

Erarbeiten der Hauptursachen
Bereits in dieser Runde können weitere Kreativitätstechniken (z. B. Brainstorming, siehe Kapitel 2.1, oder Methode 6-3-5, siehe Kapitel 2.6) zum Einsatz kommen. Die großen Ursachen des Problems werden mithilfe einer Gruppendiskussion oder eben einer Kreativitätssitzung erarbeitet und als Hauptstränge („Gräten") in das Diagramm eingetragen.

Erarbeiten der Nebenursachen
Ebenfalls mithilfe einer Kreativitätstechnik werden im Anschluss für jede definierte Hauptursache die möglichen Nebenursachen herausgearbeitet. Diese werden an die jeweiligen „Gräten" geschrieben. Es ist durchaus denkbar, dass auch diese Nebenursachen noch Unterursachen haben, die ausschlaggebend für

das zu bearbeitende Problem sein können. Werden solche Unterursachen gefunden, werden diese als weitere Verästelungen eingetragen.

Herausarbeiten der wahrscheinlichsten Ursachen

In ausführlichen analytischen Diskussionen wird nun für jede Hauptursache ihre Bedeutung für das entstandene Problem gewichtet. Für die als am einflussreichsten angesehenen Hauptursachen werden auch alle Nebenursachen gewichtet.
Auch bei den als eher unwichtig eingestuften Hauptursachen müssen in einem Schnelldurchgang die Nebenursachen auf das Ausmaß ihrer Bedeutung hin analysiert werden, da sich hier noch ein wichtiger Problemtreiber verstecken kann.
Aus der Betrachtung der gewichteten Ursachen ergeben sich dann die wahrscheinlichsten Problemverursacher. Eventuell ist es in diesem Schritt bereits möglich, die wesentlichste Ursache zu definieren.

Überprüfen der wahrscheinlichsten Ursachen

Sind die vom Team als am einflussreichsten definierten Ursachen wirklich die Problemtreiber? Diese Frage wird nun im Team nochmals diskutiert, analysiert und überprüft. Ebenso erfolgt diese Überprüfung durch einen oder mehrere Spezialisten. Sitzen diese ohnehin im Team, das das Ursache-Wirkungsdiagramm erarbeitet hat, wird diese Überprüfung en passant während der Gruppenarbeit erfolgen. Eventuell ist es aber ratsam, die Spezialisten erst zu diesem Schritt in die Sitzung zu holen, da sie ansonsten die Diskussion dominieren könnten oder aber aufgrund ihrer Spezialisierung das Problem nur aus einem eingeschränkten Blickwinkel betrachten.

Definieren der Problemtreiber

Die wichtigste Hauptursache wird nun definiert; nur bei sehr komplexen Problemen können dies auch mehrere Ursachengruppen sein.

Erarbeiten von Lösungsmöglichkeiten

Meist ergeben sich aus der kristallklaren Definition der wichtigsten Hauptursache und der Betrachtung der dazugehörigen

Nebenursachen schon Lösungsmöglichkeiten. Sollte dies nicht der Fall sein, kann mithilfe anderer Kreativitätstechniken in einer getrennten Sitzung an der Lösung weitergearbeitet werden. Die Liste der möglichen Lösungen kann dann unmittelbar umgesetzt werden. Ist die Umsetzung jedoch mit hohen Kosten und/oder mit einer größeren organisatorischen Veränderung im Unternehmen verbunden, werden die Lösungsalternativen zur Entscheidung oder Genehmigung erst an die übergeordnete Stelle gegeben.

Vorteile des Ursache-Wirkungsdiagramms

- Die leicht zu erlernende Methode ermöglicht nicht nur die detaillierte Ursachensammlung, sondern stellt gleichzeitig auch die Abhängigkeiten der Ursachen untereinander dar.
- Durch die Gliederung in Haupt- und Nebenursachen wird sichergestellt, dass auch kleinere Einflüsse erkannt und wenn nötig beseitigt werden können.
- Ein fertiges Ursache-Wirkungsdiagramm bildet eine hervorragende Grundlage für eine Gruppendiskussion und fördert das Verständnis des gesamten Teams für die Wirkungszusammenhänge von Problemen. Dadurch werden beispielsweise Change-Management-Prozesse in Unternehmen leichter durchsetzbar.

Nachteile des Ursache-Wirkungsdiagramms

- Bei einem überaus komplexen Problem ist das Zeichnen des Diagramms sehr aufwendig und es können unhandliche Grafiken entstehen. Ist die Problemerforschung aber wirklich wichtig für den weiteren Erfolg, sollte man diesen Aufwand nicht scheuen.
- Auch bei sehr sorgfältiger Arbeit kann es passieren, dass das Team eine wichtige Haupt- oder Nebenursache nicht berücksichtigt oder schlicht vergisst. Daher ist es unerlässlich, immer wieder die Vollständigkeit des entstehenden Diagramms zu prüfen und schon während der Sitzung zur Diskussion zu stellen.
- Der Einfluss von zeitlichen Wechselwirkungen lässt sich mit dieser Methode nicht darstellen.

Johann Wolfgang von Goethe – Prägender Dichterfürst

Name: Johann Wolfgang von Goethe
Geburtsdatum: 28. August 1749
Todesdatum: 22. März 1832
Geburtsort: Frankfurt am Main
Literat, Rechtsanwalt

Goethe ist noch heute der bekannteste deutsche Dichter – Werke wie *Faust* oder *Die Wahlverwandtschaften* begleiten Generationen von Schülern. Ein Hauptmotiv in Goethes Arbeiten sind Spannungsverhältnisse zwischen Gut und Böse oder zwischen Gefühl und Verstand. Das dazu nötige freie Denken und den entsprechenden Weitblick verdankt Goethe auch seiner wohlhabenden Herkunft als Sohn eines Juristen und kaiserlichen Rats, die ihm für damalige Verhältnisse weite Reisen und Studienaufenthalte ermöglichte. Geprägt haben den „Dichterfürsten" auch Bekanntschaften zu anderen Künstlern seiner Zeit wie Ludwig van Beethoven oder Friedrich von Schiller. Eine wichtige Triebfeder in Goethes Schaffen waren auch seine Liebschaften. Mit 15 Jahren verliebte er sich in eine Kellnerin namens Gretchen, später, während seines Jurastudiums in Leipzig, in Käthchen, die Tochter seiner Vermieter. Unerfüllte Lieben wie zu Maximiliane, die Tochter einer Schriftstellerin, verarbeitete er in *Die Leiden des jungen Werther*. Selbst als 72-Jähriger verliebte er sich noch in die 17-jährige Ulrike von Levetzow.

Erfolgsrezept

Die Lehren, die auch heute noch aus Goethes Wirken zu ziehen sind, entstammen weniger seiner Person selbst als seinen Werken. So entstand etwa *Die Leiden des jungen Werther* in seiner eigenen Sturm- und-Drang-Zeit, in der Goethe bewusst die Kraft und Spannungen junger Menschen produktiv nutzte, um einen weltweit bekannten Roman zu schreiben. In späteren Schriften betonte er weniger das Gefühl, sondern eher die Kraft des Verstandes, dieses zu bändigen. Viel Energie und Antrieb für seine umfangreiche Arbeit schöpfte Goethe aus der Überzeugung, dass jeder Mensch einen göttlichen Funken in sich trage und sich daher aus eigener Kraft zu einem immer vollkommeneren Menschen entwickeln kann.

Beispielsitzung „Ursache-Wirkungsdiagramm"

Bei einem Spielzeughersteller gehen die Umsatzzahlen merklich zurück. Eine Gruppe von Mitarbeitern aus den Vertriebs-, Marketing-, Controlling- und Entwicklungsabteilungen trifft sich zur Problemanalyse mithilfe des Ursache-Wirkungsdiagramms. Der Geschäftsführer wird erst gegen Ende der Sitzung erwartet. Da dies das erste Mal ist, dass diese Methode im Unternehmen angewandt wird, wird sie in allen Schritten akribisch dokumentiert.

Problemdefinition
Die Problemdefinition liegt auf der Hand: „Der Umsatz geht kontinuierlich zurück." Das Zeichnen des Diagramms beginnt.

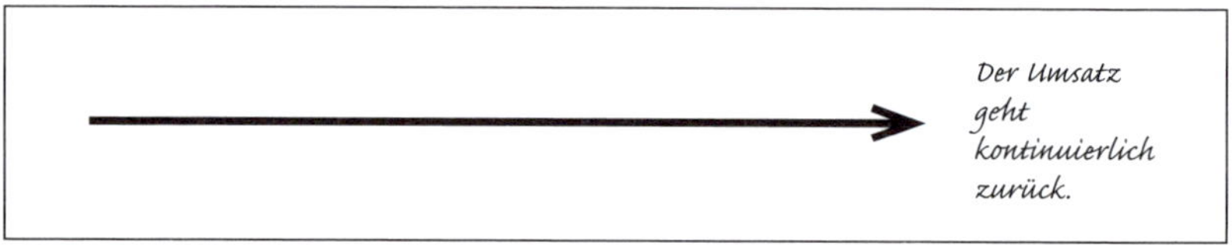

Erarbeiten der Hauptursachen
Zunächst schreibt jeder für sich in das ihm vorliegende Blankoformular der „Fischgräte" die aus seiner Sicht bestehenden Hauptursachen des Problems. In der anschließenden Diskussion einigt man sich sehr schnell über die in das Diagramm aufzunehmenden Hauptursachen.

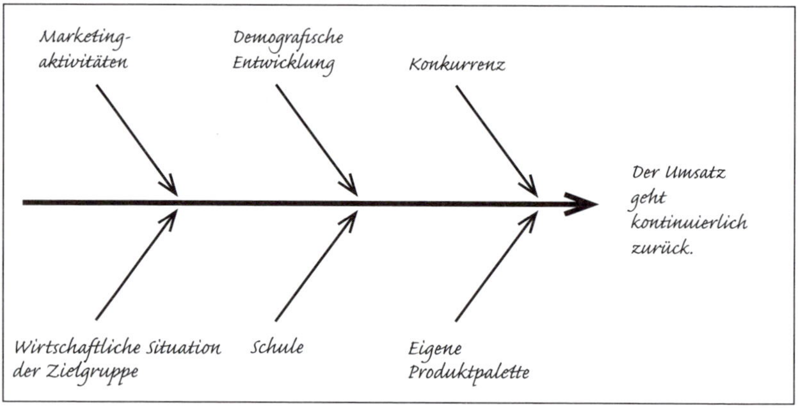

Erarbeiten der Nebenursachen

Auch über die Nebenursachen macht sich zunächst kurz jeder Teilnehmer für sich Gedanken. Bei der Sammlung der gefundenen Nebenursachen entstehen erste Kontroversen, da einzelne Teilnehmer die übergeordnete Bedeutung der Problemanalyse zwar erkennen, dennoch aber ihre Abteilungen vor möglicher Kritik schützen möchten. Erst nachdem der als sehr besonnen geltende Chef des Entwicklungsteams den Marketingleiter wieder beruhigt hat, können die Nebenursachen geordnet und in das Diagramm eingetragen werden.

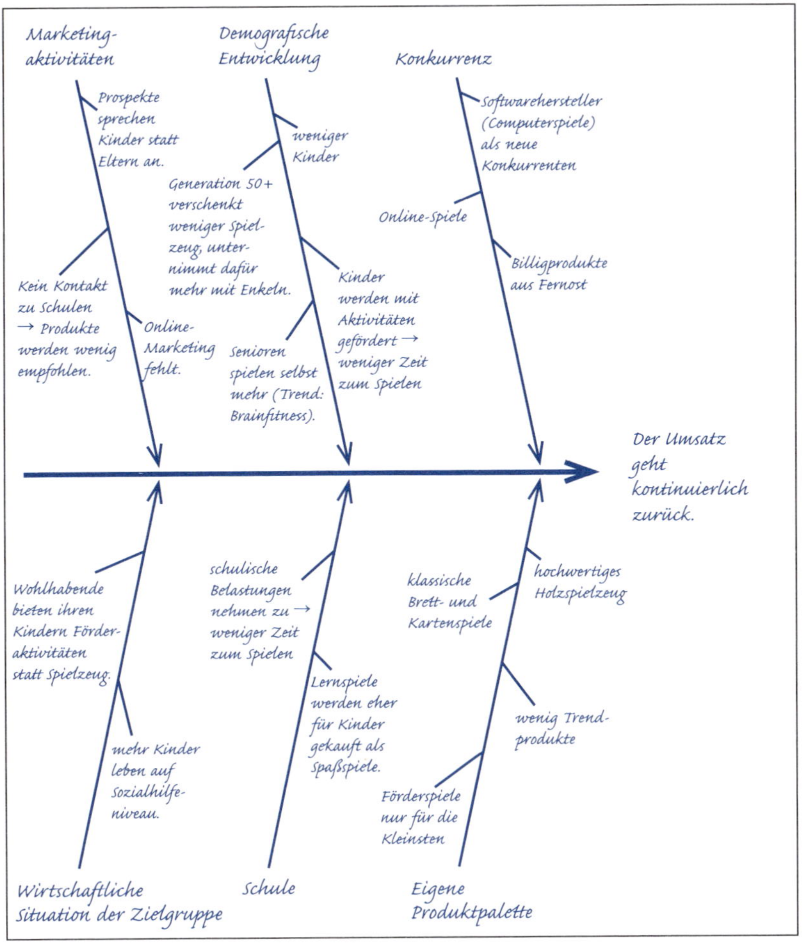

Herausarbeiten der wahrscheinlichsten Ursachen
Inzwischen ist der Geschäftsführer eingetroffen, greift aber nicht in die Diskussion ein. Nach erbitterter Diskussion werden als wichtigste Problemtreiber die demografische Entwicklung und die niedrigen Preise der Konkurrenz aus Asien festgelegt.

Überprüfen der wahrscheinlichsten Ursachen
Auf einen externen Spezialisten oder Unternehmensberater wurde angesichts der angeschlagenen Situation der Firma verzichtet. Der Geschäftsführer übernimmt nun diese Rolle und kann sein Team in der Ursachenforschung nur bestätigen.

Definieren des Problemtreibers
Die demografische Entwicklung mit all ihren Facetten und Herausforderungen wird als Hauptproblemtreiber gesehen.

Erarbeiten von Lösungsmöglichkeiten
Nachdem der Rückgang der Geburtenrate vom Unternehmen nicht beeinflusst werden kann, muss man die Zielgruppe auf andere Weise vergrößern. Das Team entschließt sich, nun mehr Spiele für Erwachsene zu entwickeln und auch neue Spieltrends schneller aufzugreifen. Da der Geschäftsführer diese Lösungsideen für gut befindet und auch ein entsprechendes Budget für Neuentwicklungen in Aussicht stellt, legt das Team für die kommende Woche einen Termin für die Entwicklung von Spielideen für Erwachsene fest.

Übungen

Auch wenn Ishikawa die Technik ursprünglich zur Lösung von Qualitätsproblemen in Unternehmen entwickelt hat, lassen sich mit dem Ursache-Wirkungsdiagramm auch für Problemstellungen aus dem privaten Bereich ganz hervorragende Lösungen erarbeiten. Es lohnt sich auch, die Technik für scheinbar einfache Probleme einmal auszuprobieren, da sich auch hier mehrere Problemursachen finden lassen. Üben Sie anhand der folgenden Beispielproblemstellungen:

- Die morgendliche Hektik bei der dreiköpfigen Familie Gähner ist unerträglich geworden und führt regelmäßig zu Auseinandersetzungen zwischen der Journalistin Ursula Gähner, dem Werbegrafiker Philip Gähner und dem 13-jährigen Gymnasiasten Jonathan Gähner. Entwerfen Sie zwei unterschiedlich aufgebaute Ishikawa-Diagramme für diese Situation. (Lösungsvorschläge am Ende des Kapitels, Seite 129)

- Bei den Schulfesten der Grundschule Sonnenschein wird die Beteiligung der Eltern von Mal zu Mal weniger. Auch das Engagement der Eltern der Erstklässler, die sonst jedes Jahr für neuen Schwung sorgten und besonders ambitioniert waren, nimmt stetig ab. Wie könnte das Ursache-Wirkungsdiagramm dafür aussehen?

3.6 Diskursive Kreativitätstechniken: zusätzliche Informationen und Varianten

Allen diskursiven Kreativitätstechniken ist es gemeinsam, dass mit ihrer Hilfe ein bestehender Sachverhalt in kleinste Einheiten zerlegt wird und so ein Problem umfassend dargestellt und sehr systematisch analysiert werden kann. Wichtig und entscheidend für den Erfolg ist es, dass die Einzelelemente so definiert werden, dass sie „mece" sind. Mece? Dieses Kunstwort steht für die englischen Eigenschaftswörter der Anforderungen an die Elemente, nämlich „mutually exclusive", „completely exhaustive", also „eindeutig überschneidungsfrei" und „völlig erschöpfend".
Die diskursiven Methoden werden Technikern, Ingenieuren, Controllern, Astronauten, Piloten und allen anderen Menschen besonders liegen, die sehr systematisch vorgehen und genauen Vorgaben folgen müssen. Sie bieten ein stringentes Drehbuch, wie Ideen und Problemlösungen entstehen sollen. Dies geht Hand in Hand mit den idealen Anwendungsbereichen der diskursiven Kreativitätstechniken, die sich alle eher bei der Produktverbesserung, der Lösung von Qualitäts- und anderen Problemen finden als bei der Entwicklung eines neuen Werbeslogans oder Buchtitels. Die beiden noch vorzustellenden weiteren diskursiven Kreativitätstechniken bilden hier keine Ausnahme.

Funktionen- oder Wertanalyse

Ziel der Wertanalyse ist es, alle Kosten aufzuspüren, die nichts zum Wert eines Produkts oder eines Prozesses beisteuern. Es werden

also alle Elemente herausgearbeitet, die nichts zur Verbesserung der Gebrauchsfähigkeit und Funktionsweise, zur Verlängerung der Nutzungsdauer, zur Verbesserung der Qualität, zur Imagesteigerung oder zur Verbesserung der Marktchancen beitragen. Die Wertanalyse stellt eine Weiterentwicklung des morphologischen Kastens (siehe Kapitel 3.1) – zugeschnitten auf die Gegebenheiten in Wirtschaft und Verwaltung – dar. Sie beschränkt sich nicht auf definierte Parameter, sondern analysiert ein Produkt oder einen Ablauf in all seinen Einzelelementen.
Der zentrale Begriff bei dieser Methode ist „Wert". Jede Funktion, jedes Produktelement oder jeder Schritt in der Ablauforganisation wird auf seinen Wert hin überprüft. „Wert" definiert sich dabei durch den Quotienten von Nutzen und Aufwand. Nur wenn dieser größer als 1 ist, wird das entsprechende Element auch nach der Wertanalyse beibehalten. Die Wertanalyse stellt eine praxiserprobte Methode dar, um zum einen unnötige Kosten bei gleichzeitiger Wahrung der Marktchancen zu eliminieren und zum anderen den Marktwert der angebotenen Produkte und Dienstleistungen zu steigern.

Vorgehensweise bei der Wertanalyse
Bei der Funktionen- oder Wertanalyse handelt es sich um ein komplexes Verfahren, das in eigenen Seminaren von anerkannten Wertanalyseberatern vermittelt wird und hier überblicksartig dargestellt wird. Die Wertanalyse erfolgt in sechs Schritten, die in der VDI 2803 genormt sind:

- Vorbereitung des Projekts
- Analyse des Ist-Zustands
- Beschreibung des Soll-Zustands
- Entwicklung von Lösungsideen
- Entscheidung über beste Lösung
- Umsetzung der Lösung

Auch die Organisation einer Wertanalyse ist standardisiert und wird durch drei Hauptbereiche definiert: Methode, Verhalten, Management.

Methode: Der Ablauf ist durch die Arbeitsschritte vorgegeben. Das Team, das zur Arbeit mit der Wertanalyse zusammengestellt wird, sollte auf jeden Fall aus unterschiedlichen Bereichen des Unternehmens kommen. Da es immer auch darum geht, welche Produkteigenschaften der Markt besonders schätzt, sollten idealerweise auch Kunden dem Wertanalyseteam angehören. Wichtig ist, dass alle Teammitglieder über betriebswirtschaftliche und produktspezifische technische Kenntnisse verfügen.

Verhalten: Die Teammitglieder sind für die Dauer der Wertanalyse hierarchisch auf einer Ebene anzusehen, auch wenn sie im Unternehmensalltag unterschiedlichen Hierarchiestufen angehören. Die Gruppe wird von einem erfahrenen Moderator geleitet und sollte höchstens aus neun Teilnehmern bestehen. Bevor mit der eigentlichen Wertanalyse begonnen wird, sind die Teammitglieder mit den Grundtechniken der Gruppenarbeit vertraut zu machen.

Management: Die Ziele, die mit der Wertanalyse erreicht werden sollen, werden von der Bereichsleitung vorgegeben. Die Bereichsleitung sorgt für die notwendigen Geld- und Zeitmittel für die Wertanalyse und trifft die anstehenden Entscheidungen.

Einsatzfelder

Die Wertanalyse eignet sich ausschließlich für den betrieblichen Einsatz. Sie kann schon während der Produktentwicklung angewandt werden, zum Beispiel wenn ein neues Produkt genau auf einen bestimmt Marktpreis hin entwickelt wird (Target Costing). Aber auch bei bereits bestehenden Produkten fördert die Wertanalyse Kostensenkungspotenziale, neue vom Markt gewünschte Produkteigenschaften oder kostenneutrale Möglichkeiten der Produktverbesserung zutage. Einen Spezialfall stellt die Gemeinkostenwertanalyse dar. Mit ihr wird untersucht, welche allgemeinen Prozesse im Unternehmen wirklich nötig sind und wo rationalisiert werden kann.

SCAMPER

Als Variante der Osborn-Checkliste entstand um die Jahrtausendwende die Methode SCAMPER. Das englische Wort „to scamper“ bedeutet „huschen, flitzen, hin- und herspringen, herumtollen". Die Methode ist jedoch weder besonders sprunghaft noch extrem schnell, vielmehr wird sie mit dem Akronym SCAMPER bezeichnet, das sich aus den Initialen der Einzelschritte bildet: substitute, combine, adapt, modify, put to other uses, eliminate, reverse. Die Anwendung erfolgt wie bei der Osborn-Checkliste.

	Schritt	**Was ist zu tun?**
S	Substitute	Das Produkt oder ein oder mehrere Elemente des Produkts durch etwas anderes ersetzen (z. B. in einem Fertiggericht Sahne durch Milch ersetzen und so ein „Low-Fat-Fertigprodukt" kreieren).
C	Combine	Das Produkt bzw. die Produkteigenschaften mit anderen kombinieren oder vermischen (z. B. Trinkjogurt).
A	Adapt	Das Produkt verändern oder Teile/Merkmale eines anderen Produkts hinzufügen (z. B. automatisch aufpumpbarer Swimmingpool).
M	Modify	Größe, Form, Farbe des Produkts signifikant verändern (z. B. Smart).
P	Put to other uses	Eine andere Einsatzmöglichkeit für das Produkt finden (z. B. Streichhölzer als Spielzubehör).
E	Eliminate	Elemente, Merkmale, Funktionen des Produkts entfernen; das Produkt auf das Wesentliche reduzieren (z. B. Jugendherbergen).
R	Reverse	Die Anwendung/Nutzung des Produkts ganz oder teilweise ins Gegenteil verkehren (z. B. Wohnmobil).

Lösungsvorschlag 1 zur Übung auf Seite 124/125

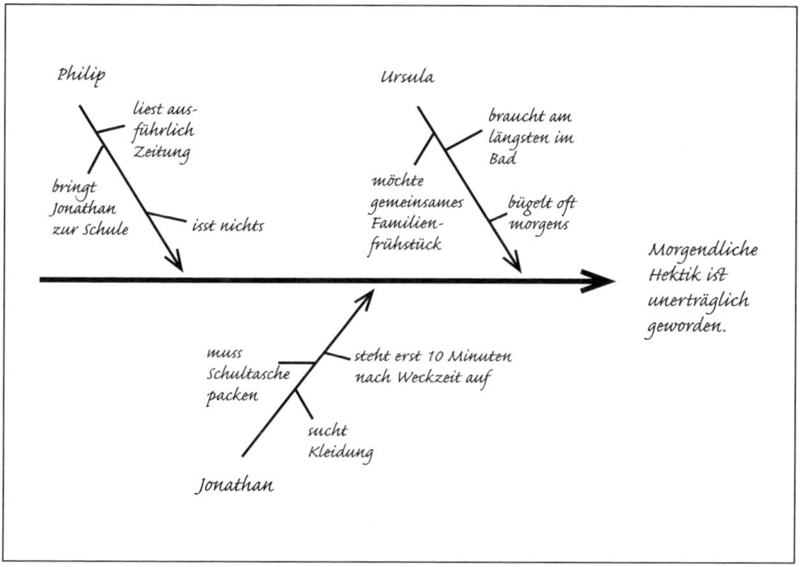

Lösungsvorschlag 2 zur Übung auf Seite 124/125

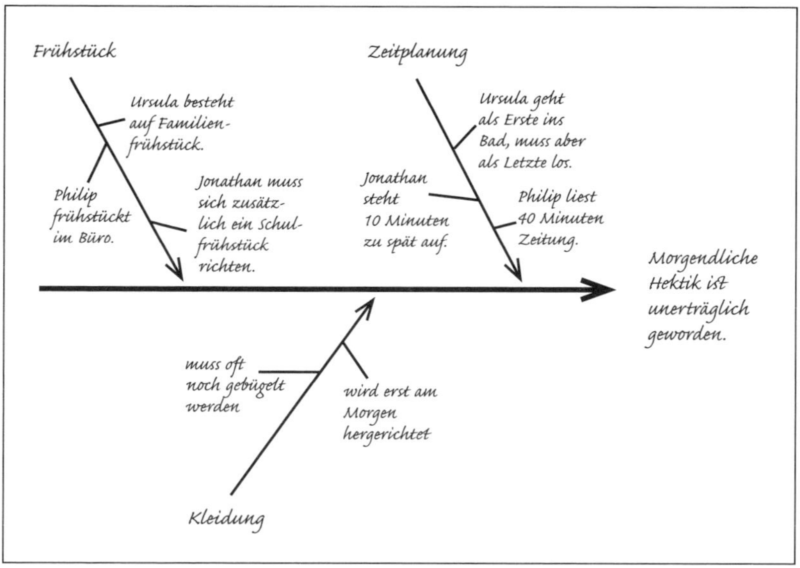

4. Kombimethoden – intuitiv und diskursiv

Es gibt Kreativitätstechniken, die sowohl Elemente der intuitiven Methoden (siehe Kapitel 2) als auch der diskursiven Vorgehensweisen (siehe Kapitel 3) in sich vereinen. Im Zusammenhang mit Kreativitätstechniken versteht man unter intuitiver Vorgehensweise das spontane Verstehen und Erkennen von Sachverhalten oder Problemlösungen, ohne dass ein analytischer, systematisch strukturierter Denkprozess vorangegangen ist. Bei den diskursiven Kreativitätstechniken hingegen werden neue Erkenntnisse durch logisch fortschreitendes Denken von Begriff zu Begriff gewonnen. Die Kombimethoden vereinen Phasen des intuitiven Sammelns von Ideen mit Abschnitten logisch-strukturierten Denkens.

4.1 Die sechs Denkhüte nach Edward de Bono

Auf einen Blick

Besonders geeignet für: Bearbeitung komplexer Problemstellungen mithilfe unterschiedlicher Betrachtungsweisen, Bewertung und Optimierung von bereits erarbeiteten Lösungsideen aus unterschiedlichen Perspektiven

Teilnehmerzahl: ideal sind 6 Teilnehmer; es kann auch mit einer Anzahl von Teilnehmern gearbeitet werden, die ein Vielfaches von 6 darstellt, also 12 oder 18; mehr als 18 Teilnehmer empfehlen sich nicht; Moderator erforderlich!

Zeitaufwand: ca. 2 bis 3 Stunden

Nötige Hilfsmittel: Hüte oder Armbinden oder große Selbstklebeetiketten oder Kärtchen in den Farben Weiß, Rot, Schwarz, Gelb, Grün und Blau; ein Flipchart oder eine große Pinnwand, um die Ergebnisse aus den jeweiligen Runden zu dokumentieren

Besonderheiten: enthält Elemente des Rollenspiels und ist daher weniger konfliktträchtig als andere Kreativitätstechniken

Edward de Bono (*1933) gilt als eine der führenden Autoritäten im Bereich der Denk- und Kreativitätsforschung. In seinen Arbeiten (insgesamt mehr als 60 Bücher in mehr als 35 Sprachen)

macht er deutlich, dass Kreativität individuell beeinflussbar, erlernbar und trainierbar ist (siehe Kapitel 1.1). Sein Modell der sechs Denkhüte ist eine der bekanntesten Kreativitätstechniken überhaupt. Bei der Anwendung dieser Kreativitätstechnik wird mit Imagination gearbeitet. Die Teilnehmer schlüpfen reihum in sechs verschiedene Rollen – symbolisiert durch die Hüte – und betrachten das Problem dann nur aus der Perspektive ihrer aktuellen Rolle.

Vorgehensweise

Zur Durchführung einer Kreativarbeit mit der Methode de Bonos ist ein Moderator unerlässlich, der zunächst die bereits vorab genau definierte Problem- oder Fragestellung darstellt. Die anschließende Kreativitätssitzung sollte in folgenden Phasen, die teilweise mehrmals durchlaufen werden, aufgebaut sein:

- Erklären der sechs Denkhüte und ihrer Methodik
- Verteilen der Denkhüte
- Individuelles Sammeln der Ideen und Gedanken unter Berücksichtigung der Hutfarbe
- Weitergabe der Hüte
- Iterationsschleifen
- Bewertung

Erklären der sechs Denkhüte und ihrer Methodik
Der Moderator erklärt zunächst die sechs verschiedenen Rollen bzw. Denkhaltungen, die die Teilnehmer nacheinander und reihum einnehmen sollen. Diese Rollen werden durch sechs Hüte (oder Armbinden, Selbstklebeetiketten oder Kärtchen) in unterschiedlichen Farben symbolisiert. Jede der Farben hat eine festgelegte Bedeutung:

Weiß: Diese Farbe steht für Neutralität und rein analytisches Denken. Wann immer Sie den weißen Hut tragen, sollten Sie Informationen zusammentragen, ohne diese zu bewerten oder zu gewichten. In dieser Rolle beachten Sie nur Zahlen, Daten, Fakten und äußern keine Meinung.
Rot: Rot steht für Subjektivität und emotional gefärbtes Denken. Haben Sie den roten Hut auf, dürfen Sie nicht nur persönliche

Meinungen und Überzeugungen äußern, sondern müssen sogar auf alle positiven wie negativen Gefühle eingehen. Diese Emotionen sollten Sie auch dann äußern und festhalten, wenn dabei ein widersprüchliches Bild entsteht.

Schwarz: Der Träger des schwarzen Hutes nimmt die Rolle des Kritikers ein und sammelt alle sachlichen Argumente, die die negative Seite des zu bearbeitenden Themas ausdrücken. Dokumentieren Sie alle Risiken und Einwände, aber lassen Sie Gefühle und unbegründbare Zweifel außer Betracht!

Gelb: Die Farbe Gelb symbolisiert Optimismus und das Denken in Chancen. Aus dieser Perspektive werden alle positiven Argumente, die beispielsweise für eine vorgeschlagene Entscheidung sprechen, gesammelt. Wichtig: Es geht nicht um Schönfärberei, sondern um das Sammeln von objektiv positiven Elementen. Es werden also alle Chancen und Vorteile, die man bei moderat optimistischer Betrachtung dem Vorhaben abgewinnen kann, zusammengetragen.

Grün: Unter dem grünen Hut sind Sie zu assoziativem Denken aufgefordert. Nun heißt es, neue Ideen zu generieren und kreative Alternativen zu sammeln. Dabei gilt: Alles ist erlaubt, nichts wird sofort verworfen, Kritik ist hier verboten!

Blau: Die kühle Farbe Blau steht für Ordnung und Struktur. Tragen Sie den blauen Hut, sind Sie also dafür verantwortlich, dass die bereits vorliegenden Ideen abgewogen und unterschiedlichen Themenbereichen zugewiesen werden.

Tipp: So merken Sie sich die Farbsymbolik der Sechs-Hüte-Methode

Weiß = Neutralität = weißes Blatt, auf dem die Fakten noch zu sammeln sind
Rot = Gefühle = rot wie die Liebe
Schwarz = Kritik = Schwarzseherei
Gelb = Chancen = Sonnenstrahlen
Grün = neue kreative Ideen = die Gedanken sprießen wie frisch gesätes Gras
Blau = Überblick und Ordnung = strukturiert wie Kacheln im Swimmingpool

Verteilen der Denkhüte

Die Teilnehmer erhalten nun für die erste Runde die verschiedenfarbigen Hüte. Gerade im Unternehmensumfeld kann es sein, dass das Tragen von bunten Hüten als zu lächerlich empfunden wird und sich die einzelnen Teilnehmer dem widersetzen. Dann kann auf das Anbringen von Armbinden oder Selbstklebeetiketten ausgewichen werden. Sie werden sehen, dass das Tragen der entsprechenden Farbe wirklich hilfreich für das Einnehmen der dazugehörigen Denkperspektive ist. Wenn nichts anderes zu Verfügung steht oder die Teilnehmer zu nichts anderem bereit sind, können auch DIN A5-Karten in den entsprechenden Farben verteilt werden.
Sollten die verschiedenfarbigen Hüte schwer zu beschaffen sein, können die Teilnehmer auch zu Beginn der Kreativsitzung die Hüte aus Zeitungspapier gemeinsam fertigen und mit Filzstiften einfärben. Das hilft, aus der Alltagsstimmung auszusteigen und sich langsam auf die Situation der Kreativsitzung einzustellen.

Individuelles Sammeln der Ideen und Gedanken unter Berücksichtigung der Hutfarbe

Nun sammelt jeder Teilnehmer für sich schriftlich alle Argumente, die ihm in der aktuell eingenommenen Rolle wichtig erscheinen. Sind mehr als sechs Teilnehmer beteiligt, werden immer zwei oder drei von ihnen einer Farbe zugeordnet. Dann wäre es ideal, wenn die Untergruppen eine Ecke hätten, in der sie die Argumente äußern und in der Gruppe sammeln könnten. Nach dieser ersten Runde werden entweder die Argumente schon geäußert und auf Karten an einer Pinnwand gesammelt oder aber dies geschieht erst, nachdem jeder Teilnehmer einmal jeden Hut aufgehabt hat. Erfahrungsgemäß ist es sinnvoll, den zweiten Weg zu wählen. Zum einen aus Gründen der Zeitersparnis, zum anderen, weil die Auswertung, wie oft ein identisches oder sehr ähnliches Argument genannt wurde, für die Bewertung sehr hilfreich sein kann.

Weitergabe der Hüte

Nun tauschen die Teilnehmer die Hüte. Entweder wird dabei nach der oben genannten Reihenfolge der Farben vorgegangen oder die Reihenfolge wird bewusst vermischt. Sinnvoll ist es jedoch in beiden Fällen, die Reihenfolge vorab festzulegen. Dies spart Zeit und unnötiges Hin und Her.

Iterationsschleifen
Die Schritte „Individuelles Sammeln der Ideen und Gedanken" und „Weitergabe der Hüte" werden nun so lange wiederholt, bis sich jeder Teilnehmer einmal unter dem Leitmotiv jeder Farbe Gedanken machen konnte.

Bewertung
Die unter den unterschiedlichen Perspektiven aufgekommenen Gedanken und Emotionen werden zusammengetragen und systematisiert. Wenn viele Teilnehmer identische oder sehr ähnliche Argumente unter einer Farbe notiert haben, ist diese Tatsache ebenfalls festzuhalten, da dies ein deutliches Indiz für die Bedeutung eines Arguments darstellt. In einer moderierten Gruppendiskussion – falls möglich mit einem kleinen zeitlichen Abstand – erörtern die Teilnehmer dann die einzelnen Aspekte und entscheiden darüber, welche Lösungsvariante weiterzuverfolgen ist.

Varianten der Methode

Wenn Sie über viel Vorstellungsvermögen verfügen, können Sie die Methode auch als Einzelperson anwenden. In diesem Fall werden Sie wahrscheinlich nicht mehr als eine Stunde dafür brauchen. Wichtig ist bei der Einzelarbeit, dass Sie die nötige Disziplin aufbringen, um wirklich jede Rolle streng getrennt einzunehmen und nicht im sprunghaften Hin und Her zwischen den Farben zu arbeiten.
Arbeiten Sie im Team und unter nicht vermeidbarem Zeitdruck, können Sie diese Kreativitätstechnik abwandeln und jeweils als ganze Gruppe gleichzeitig die Rolle des Denkers mit dem weißen, roten, schwarzen, gelben, grünen oder blauen Hut einnehmen. Ihre Gedanken sollten Sie dann ähnlich wie bei der Karten-Technik (siehe Kapitel 2.7) notieren. Diese Variante spart zwar Zeit, hat aber den Nachteil, dass nicht zählbar ist, wie oft unabhängig voneinander ein Argument auftauchen würde, d.h. die Bedeutung einzelner Aspekte ist nicht so detailliert darstellbar.

Vorteile der Methode „Sechs Denkhüte nach de Bono"

- Diese Methode trägt zur Konfliktvermeidung bei, da die Teilnehmer ja in Rollen schlüpfen, die durch die Farben der Denkhüte vorgegeben werden. Sie können sich also bei kontroversen Diskussionen immer auf die Rolle berufen, ohne ihr eigenes Denken und Empfinden zu sehr preisgeben oder verteidigen zu müssen.

- Durch die klar vorgegebenen Denkhaltungen wird außerdem vermieden, dass sich die Teilnehmer gegenseitig in gewissen Anschauungen bekräftigen und „hochschaukeln".
- Werden die Gedanken und Ideen, die jeder Einzelne beim Tragen der sechs Denkhüte hat, individuell aufgezeichnet und nicht in der Gruppe diskutierend erarbeitet, ist zudem gewährleistet, dass auch die wertvollen Beiträge eher zurückhaltender Teilnehmer in die Arbeit einfließen können.
- Meinungsmacher und „Leithammel" haben somit nicht die Möglichkeit, ihre Meinung aufgrund ihres dominanten Auftretens durchzusetzen.

Nachteile der Arbeit mit den sechs Denkhüten

- Die Methode ist bei sorgfältiger Durchführung recht zeitaufwendig.
- In dem Bemühen auf jeden Fall unter jeder Farbe Argumente, Gedanken, Ideen und Gefühle sammeln zu sollen, können auch randseitige Aspekte eine unnötig große Gewichtung bekommen.

Beispielsitzung

Familie Seeberg stellt Überlegungen darüber an, ob sie ein eigenes frei stehendes Einfamilienhaus erwerben soll. Ein Objekt, das für die fünfköpfige Familie groß genug ist und auch in einer guten Lage angesiedelt ist, steht zum Verkauf. Die Familie besteht aus der 73-jährigen Großmutter Rita (Rentnerin), der 41-jährigen Katharina (freie Grafikerin), dem 43-jährigen Frank (Wertpapierhändler), dem 18-jährigen Martin (Schüler) und der 12-jährigen Nina (Schülerin). Wie auf seinem letzten Seminar zur Verbesserung der Teamarbeit möchte Frank mit den sechs Denkhüten arbeiten. Da die Familie nur zu fünft ist, beschließt das Team, die Bearbeitung des Themas unter dem blauen Hut abschließend als Gruppe durchzuführen. Zunächst werden die fünf Hüte nacheinander einzeln bearbeitet. Nachfolgend sind die Ergebnisse zusammengefasst.

Der weiße Hut

Das Haus hat 200 m^2 Wohnfläche, der Garten ist 420 m^2 groß.

Es stehen sieben Zimmer, eines davon im Souterrain, zwei Bäder, eine Gästetoilette und ein kleiner Wintergarten zur Verfügung.

Die Heizungsanlage ist 20 Jahre alt, die Fenster mit Isolierverglasung wurden vor drei Jahren eingebaut.

Das Haus liegt in einer ruhigen Straße, der nächste Supermarkt ist in fünf Minuten zu Fuß zu erreichen.

In dem Ort, in dem das Haus steht, gibt es einen Allgemeinarzt, aber keine Apotheke.

Beide Kinder haben Freunde im Ort.

Das Gymnasium der Kinder ist 10 km entfernt, dorthin gibt es eine Busverbindung.

Der Arbeitsplatz von Frank liegt in einer 30 km entfernten Stadt.

Katharina wird ab nächstem Jahr selbstständig von Zuhause aus arbeiten.

Der rote Hut

Katharina freut sich auf die sonnige Terrasse, hat aber Bedenken, ob sie es schaffen wird, das Haus ohne Putzhilfe in Ordnung zu halten. Sie fürchtet außerdem das Konfliktpotenzial, das das Zusammenleben mit ihrer Mutter birgt. Als Grafikerin verfügt sie über viel Erfahrung und gute Kundenkontakte, hat aber Zweifel, ob sie es schaffen wird, regelmäßig ein gutes Einkommen zu erzielen.

Frank fühlt schon jetzt die Last der finanziellen Verantwortung auf seinen Schultern, er wird am Arbeitsplatz dann noch besser „funktionieren" müssen. Die Frage, ob er die Anfahrt zur Arbeit auch in 15 Jahren noch so gut verkraftet wie heute, liegt ihm ebenfalls im Magen. Er freut sich aber darauf, endlich mehr Platz für seine Hobbywerkstatt zu haben und mit Nina im Garten Federball spielen zu können.

Rita hat Bedenken, dass die Familie erwartet, dass sie die Gartenarbeit übernimmt. Sie war zwar früher eine leidenschaftliche Hobbygärtnerin, fühlt sich aber einem großen Grundstück heute nicht mehr gewachsen. Einerseits fürchtet sie sich davor, ihre Eigenständigkeit aufzugeben und zu ihrer Tochter zu ziehen, andererseits wäre sie sehr froh, wenn sie wüsste, dass im Krankheitsfall jemand bei ihr sein kann. Ihr ist klar, dass ein Teil ihrer Rente für

Michelangelo – Weit mehr als der *David*

Name: Michelagniolo di Ludovico di Lionardo di Buonarroti Simoni
Geburtsdatum: 6. März 1475
Todesdatum: 18. Februar 1564
Geburtsort: Caprese/Italien
Baumeister, Maler, Dichter

Wer Michelangelos David in der Accademia delle Belle Arti in Florenz betrachtet, ist sofort eingenommen von der Ausstrahlung der gut vier Meter hohen Skulptur. Jeder Muskel und auch der Gesichtsausdruck vermitteln den Eindruck, hier sei ein lebendiger Mensch mit seiner Seele versteinert worden. Weltbekannte Werke wie dieses ziehen die Menschen auch deshalb in ihren Bann, weil sie noch Jahrhunderte nach ihrer Erschaffung, nachdem sich Moden und Kunstverständnis vielfach gewandelt haben, dem Betrachter das warme Gefühl geben, wahre Schönheit vor sich zu haben. Sie schlagen eine Brücke zu längst vergangenen Zeiten und bilden eine Verbindung zwischen den Menschen in aller Welt, die das betreffende Kunstwerk kennen und lieben. Die Detailtreue, die die besondere Ausstrahlung der Skulpturen Michelangelos auszeichnet, findet sich auch in seinen Gemälden wie dem Deckenfresko in der Sixtinischen Kapelle in Rom wieder. Auch als Baumeister – beispielsweise für den Petersdom in Rom – und als Dichter hatte Michelangelo Erfolg.

Erfolgsrezept

Michelangelo war beseelt von dem Ziel, Dinge besser zu machen als andere und Aufgaben zu lösen, an denen andere scheiterten. Das beste Beispiel hiefür ist der *David:* Michelangelo erschuf ihn aus einem Marmorblock, den bereits 40 Jahre zuvor ein anderer Bildhauer ohne Erfolg bearbeitet hatte. Der Caprese beweist eindrucksvoll, dass Detailverliebtheit und Akkuratesse Kreativität keineswegs entgegenstehen. Besonders seine Skulpturen waren zu ihrer Entstehungszeit durchaus gewagte Neuinterpretationen, die allerdings leichter akzeptiert wurden, da sie handwerklich perfekt waren.

die Finanzierung des Hauses eingeplant ist. Da Katharina ihr einziges Kind ist, findet sie das in Ordnung. Sie weiß aber auch, dass sie im Konfliktfall nicht einfach wird ausziehen können.
Martin freut sich darauf, im Keller einen Probenraum für seine Band einrichten zu dürfen. Dass Oma bei ihnen wohnen soll, ist ihm nicht so recht. Er ist dann auch in den Zeiten, in denen Katharina Termine außer Haus hat und Frank im Büro ist, unter Kontrolle. Da er in einem Jahr zum Studium in eine andere Stadt ziehen wird, hat das eigene Haus nur kurz Vorteile für ihn. Er hat große Bedenken, dass er sehr viel neben dem Studium wird arbeiten müssen, da seine Eltern sich durch den Hauskauf finanziell einschränken müssen.
Nina freut sich darauf, endlich auch ein großes Zimmer zu haben und ihre Schulfreundinnen reihum zum Übernachten einladen zu können. Dass Oma immer da sein soll, ist auch ihr nicht so recht. Sie schätzt zwar Omas Koch- und Backkünste außerordentlich, möchte aber auch manchmal ungestört sein.

Der schwarze Hut
Aufgrund der völlig unterschiedlichen Auffassung von Lebensrhythmus und Haushaltsführung, die Rita und Katharina haben, halten es beide für möglich, ihr an und für sich gutes Verhältnis durch die täglichen Reibereien zu zerstören, bis es zum großen Krach kommen wird.
Die Kündigungswelle hat auch die Banken erfasst. Wenn Frank seine Arbeit verliert, kann die Familie sehr schnell die Kreditraten nicht mehr zahlen. „Dann können wir gleich wieder ausziehen", denkt Frank.
Seinen Führerschein muss sich Martin nun selbst verdienen. Er wird neben der Vorbereitung auf das Abitur jobben oder die Führerscheinprüfung verschieben müssen.
Es kann sein, dass Nina für ein oder zwei Jahre keine Reitstunden mehr nehmen kann, weil das Geld dafür fehlt. Ihre regelmäßige Reitbeteiligung muss sie auf jeden Fall aufgeben.

Der gelbe Hut
„Wir werden als Familie ein glückliches Leben unter einem Dach führen und immer füreinander da sein können", denkt Katharina. „Die Gartenarbeit wird meine Mutter fit halten."

Frank hat berechtigte Hoffnung, bei einem Börsendeal im nächsten Jahr so viel Gewinn zu machen, dass die Kreditzahlungen für das Haus erträglich werden. Er fühlt sich glücklich als Familienvater, der seinen Lieben ein schönes Leben bieten kann.
Rita wird sich nie mehr einsam und ängstlich fühlen.
„Mit meinen Kumpels werde ich bei den Proben richtig Spaß haben", glaubt Martin. „Außerdem kann ich während der Semesterferien jederzeit zu Hause wohnen."
„Ich werde mein Zimmer nicht mehr selbst aufräumen", hofft Nina. „Dazu überrede ich Oma."

Der grüne Hut
Unter dem grünen Hut trägt die Familie folgende Ideen zusammen:
- Es kann auch ein Haus gemietet werden, dann könnte man ausprobieren, wie das Zusammenleben funktioniert und ob das Leben im Haus so viele Vorteile hat, dass die Opfer dafür gerechtfertigt sind.
- Wir könnten in eine preiswertere Gegend des Landes ziehen.
- Wir könnten in ein günstigeres Land ziehen.
- Vielleicht sollte zunächst nur ein Baugrundstück gekauft werden, auf dem erst in zwei Jahren ein günstiges Haus mit viel Eigenleistung entsteht.
- Wenn Rita erst einzieht, wenn Martin ausgezogen ist, könnte ein kleineres und damit günstigeres Haus erworben werden.

Der blaue Hut
Die Familie teilt die Gedanken und Gefühle in vier grundsätzliche Bereiche ein: Zusammenleben, Lebens- und Wohnqualität, Arbeit in Haus und Garten, Finanzen.
Zusammenleben: Obwohl sich alle gut verstehen, scheint das Zusammenleben mit Rita unter einem Dach allen außer Frank etwas Sorge zu bereiten. Da sie das gute Verhältnis nicht gefährden wollen, beschließen sie, dass Rita sich eine kleine Wohnung in der Nachbarschaft nimmt. So kann sie nach eigenem Ermessen im Garten helfen und weiß ihre Familie im Krankheitsfall in ihrer Nähe.
Lebens- und Wohnqualität: Es besteht Einigkeit darüber, dass diese sich im eigenen Haus noch verbessern wird.

Arbeit in Haus und Garten: Rita verspricht, sich im Garten zu betätigen, wenn Katharina dafür Ritas Einkäufe miterledigt. Martin wird den Rasen in Schuss halten und erhält dafür einen kleinen Zuschuss zum Führerschein. Nina wird ihr Zimmer in Ordnung halten und jede Woche das ganze Haus staubsaugen. Frank kümmert sich am Wochenende um Instandhaltungsarbeiten und hilft Katharina viermal im Jahr, die Fenster im Wintergarten zu putzen.

Finanzen: Alle werden sich finanziell einschränken müssen. Da Rita nun nicht einzieht, wird sie keinen regelmäßigen Beitrag für die Ratenzahlungen leisten können. Dies lässt das ganze Vorhaben in die Nähe des Scheiterns rücken. Eine Lösung findet sich dennoch: Rita wird einen Teil ihrer Ersparnisse zum Hauskauf beisteuern, dafür wird notariell festgelegt, dass Katharina sie im Krankheits- oder Pflegefall zu Hause betreuen wird. Die Familie entschließt sich, das Haus zu kaufen.

Übung

Die Auslastung der Segelschule Mast- und Schotbruch geht zurück. Der Inhaber denkt darüber nach, zusätzlich auf dem kleinen Gelände eine Pension zu errichten. Versetzen Sie sich in die Rolle des Inhabers und betrachten Sie diese Lösungsidee aus den Perspektiven der sechs Denkhüte. Sie können diese Übung alleine durchführen oder aber Sie suchen sich noch fünf Übungswillige.

4.2 Walt-Disney-Methode

Auf einen Blick

Besonders geeignet für: Lösungssuche bei überschaubarer Problemstruktur, Überprüfung und Weiterentwicklung bereits gefundener Lösungen

Teilnehmerzahl: Einzelperson oder Gruppe bis zu sechs Personen

Zeitaufwand: 60 bis 120 Minuten

Nötige Hilfsmittel: drei unterschiedlich ausgestatte Räume oder „Ecken“ in einem Raum; Schreibzeug

Besonderheiten: Betrachtung von Lösungsmöglichkeiten vor allem hinsichtlich Umsetzbarkeit und Alltagstauglichkeit

Der US-amerikanische Trickfilmproduzent und Fernsehpionier Walt Disney (1901–66) hat diese Methode während seiner täglichen Arbeit entwickelt und alleine oder zusammen mit seinem Team regelmäßig angewandt. Diese Methode ist also direkt in der unternehmerischen Praxis entstanden und basiert nicht auf einer theoretischen Forschungsarbeit. Dennoch hält sie allen wissenschaftlichen Betrachtungen stand. Wie die sechs Denkhüte nach de Bono (siehe Kapitel 4.1) arbeitet auch die Walt-Disney-Methode mithilfe von Imagination. Die Vorstellungskraft der Kreativarbeiter ist gefragt, da sie in drei unterschiedliche Rollen schlüpfen müssen. Nacheinander werden die Perspektiven des Träumers, Kritikers und Realisten eingenommen, um ein Problem oder eine Lösungsvariante zu betrachten. Um das Hineindenken in die drei unterschiedlichen Betrachtungsweisen zu erleichtern, sollte sich der Anwender für jede Rolle in einer anderen Umgebung aufhalten. Walt Disney selbst wird nachgesagt, für jede der Perspektiven einen eigenen Raum mit entsprechender Ausstattung gehabt zu haben.

Vorgehensweise

Auch Sie sollten sich für die Arbeit mit der Walt-Disney-Methode drei verschiedene Umgebungen schaffen. Das müssen nicht gleich drei unterschiedliche Räume sein. Sie können die verschiedenen Bereiche eines Raumes oder Tagungsraumes einfach entsprechend ausstatten. Im Bereich des Träumers stellen Sie einen bunten Blumenstrauß und ein schönes Landschaftsbild auf und für jeden Teilnehmer einen Stuhl, eventuell mit einer bunten Decke darüber. Für die Rolle des Realisten brauchen Sie einen Arbeitsplatz und übliches Arbeitsgerät (Computer, Zeichenbrett oder was immer in Ihrer Branche zur täglichen Arbeit benötigt wird). Die Ausstattung des Kritikers darf sehr nüchtern ausfallen. Ein Stehpult in einer nicht dekorierten Ecke des Raumes wäre ideal.

Haben Sie so die nötigen Voraussetzungen für diese Methode geschaffen, beginnt die eigentliche Kreativsitzung. Die einzelnen Schritte sind:

- die Rollen kennenlernen
- Problemdefinition/Vorstellen der Lösungsalternativen

- Durchdenken der Aufgabe als Träumer, Realist und Kritiker
- Iterationsschleifen
- Entscheidung über die Lösungsalternative

Die Rollen kennenlernen

Durchschreiten Sie mit der Gruppe oder als Einzelperson die verschiedenen Bereiche und machen Sie sich an jedem Ort mit der Rolle, für die er steht, vertraut. In dieser Phase wird noch nicht am Problem gearbeitet, sondern man stimmt sich darauf ein, die unterschiedlichen Perspektiven einzunehmen.

Der Träumer

In dieser Phase wird das Problem intuitiv (siehe Kapitel 2) angegangen. Als Träumer sollen Sie in Bildern denken und Visionen entwickeln. Dies ist die Rolle des Ideenlieferanten. Dabei können Sie sowohl sich widersprechende Ideen entwickeln, völlig unrealistische Varianten und wirklich einer Fantasiewelt entsprungene Lösungen vorschlagen. Wie beim Brainstorming (siehe Kapitel 2.1) ist zunächst alles erlaubt. Der Träumer lässt sich dabei von Vorstellungen und Visionen leiten, die eine Situation darstellen, die erwünscht ist und in der man sich wohlfühlt.

Der Realist

Der Realist, der gleichzeitig auch die Rolle des Realisierers einnimmt, greift die Visionen des Träumers auf und stellt sich vor, diese wären bereits tatsächlich existierende Situationen. Sehr systematisch muss man in dieser Rolle auf dem Weg dorthin Pläne erarbeiten, wie die Situation Schritt für Schritt verwirklicht werden kann. Wichtig ist dabei, dass eine detaillierte Handlungsanweisung entsteht. Die Vorgehensweise des Realisten ist diskursiv (siehe Kapitel 3) und er geht rational an die Ideen des Träumers heran. Der Realist muss Antworten sammeln auf die Fragen „Was müssen wir zur Umsetzung der Vision alles tun, was brauchen wir dazu, wie lange dauert dies und was kostet es?“

Der Kritiker

Was bis jetzt erarbeitet wurde, zerlegt der Kritiker in seine Einzelteile und überprüft es auf seine Machbarkeit. Er hinterfragt alle Visionen des Träumers und alle Pläne des Realisten und ist somit für die

Praxis- und Alltagstauglichkeit des Lösungsvorschlags zuständig. Der Kritiker wägt die Chancen und Risiken der Vorschläge ab und prüft, ob kein Aspekt übersehen wurde.

Problemdefinition/Vorstellen der Lösungsalternativen

Erst nachdem die Rollen bekannt sind, wird das zu bearbeitende Problem präzise definiert. Die Walt-Disney-Methode eignet sich auch sehr gut dazu, bereits vorhandene Lösungsalternativen zu beurteilen. Daher ist es auch denkbar, dass in dieser Phase einfach die zwei oder drei Lösungsalternativen bekannt gegeben werden, über die zu entscheiden ist. Wichtig ist dann, dass es sich um Lösungen handelt, die noch Raum für Visionen lassen. Hat man sich zum Beispiel ein Kundenbindungskonzept einfallen lassen, könnte die Vision lauten „alle unsere Kunden lieben uns".

Durchdenken der Aufgabe als Träumer, Realist und Kritiker

Bei der Walt-Disney-Methode nimmt das gesamte Team die Rollen jeweils gleichzeitig ein. Das Team begibt sich nun an den Platz des Träumers und schwelgt in seiner Vorstellungskraft. Es werden die kühnsten Ideen entwickelt und festgehalten. Zugelassen sind alle Lösungsvorschläge und Visionen, die nach der Umsetzung zu einer Situation führen würden, in der sich alle Teilnehmer wohlfühlen.
Nach einer kurzen Pause an einem neutralen Ort gehen die Teilnehmer nun an den Platz des Realisten und entwickeln Pläne zur detaillierten Umsetzung der Visionen. Anschließend wird wieder eine kurze Pause an einem neutralen Ort eingelegt.
Die Teilnehmer versammeln sich nun am Platz des Kritikers und nehmen die Visionen und Pläne nach allen Regeln der Kunst auseinander; die Machbarkeit ist dabei die oberste Prämisse dieser Arbeit.

Iterationsschleifen

Die dargestellten Rollen werden nacheinander immer wieder eingenommen, so lange bis eine gute und umsetzbare Lösung gefunden wurde. Die Lösung ist dann als gut zu betrachten, wenn an dieser auch in der Rolle des Kritikers nichts Gravierendes mehr auszusetzen ist.

Entscheidung über die Lösungsalternative
Das Team entscheidet sich logischerweise für die Lösung, die auch der härtesten Kritik standhält.

Vor- und Nachteile der Walt-Disney-Methode

- Die Methode ist leicht lernbar und kann auch alleine durchgeführt werden.
- Es fällt leicht, die unterschiedlichen Rollen einzunehmen, da dies „Personen" sind, die ohnehin in jedem von uns angelegt sind.
- Es ist etwas aufwendig, die verschiedenen Denkorte zu schaffen.
- Die Gruppe darf nicht größer als sechs Personen sein.

Beispielsitzung „Walt-Disney-Methode"

Die Fluglinie Hund Air fusioniert mit der Billig-Airline Katz AG. Die Verwaltungsstandorte werden zusammengelegt. Die Mitarbeiter, die ab dem nächsten Quartal eng und reibungslos zusammenarbeiten sollen, kennen sich noch nicht. Beide Belegschaften haben große Vorbehalte und fürchten, von den anderen untergebuttert zu werden. Der Personalleiter ruft seine Mitarbeiter zu einer Kreativsitzung zusammen. Das Ziel ist die Beantwortung der Frage „Wie machen wir aus den feindlichen Gruppen ein gut funktionierendes Team?" Nachfolgend sind die Ergebnisse des ersten Durchgangs aufgeführt.

Träumer:
a) Wir beginnen die Zusammenarbeit mit einem einwöchigen Segeltörn durch die Karibik.
b) Die Mitarbeiter wandern vier Tage zusammen durch die Berge.
c) Nach einem ausführlichen Abendgelage werden sich alle mögen.
d) Das Unternehmen garantiert, dass alle Arbeitsplätze für mindestens drei Jahre erhalten bleiben. Nach den drei Jahren werden die Mitarbeiter behalten, die am teamfähigsten sind.

Realist:

a) Dazu müssten wir ein Segelboot mit Crew chartern, Flüge zu organisieren wäre kein Problem. Die Kosten lägen bei mindestens 2000,– Euro pro Mitarbeiter.
b) Übernachtungen auf Berghütten müssen reserviert und die Anreise per Bus muss organisiert werden. Die Kosten liegen unter 300,– Euro pro Person.
c) Für ein Abendgelage muss ein Nebenzimmer in einem guten Restaurant reserviert werden. Die Kosten liegen bei 150,– Euro pro Person.
d) Dieser Vorschlag scheint machbar. Die entstehenden Kosten werden zunächst bei den nicht zu zahlenden Abfindungen eingespart, entstehen aber dann mit Sicherheit nach Ablauf der Drei-Jahres-Frist.

Kritiker:

a) An Bord eines Segelboots lebt man sehr eng zusammen. Wer möchte das schon mit Leuten, die er zum einen kaum kennt und von denen er zum anderen fürchtet, dass sie ihm den eigenen Job wegnehmen wollen? Das Konfliktpotenzial eines gemeinsamen Segeltörns ist schon unter Freunden sehr hoch. Trotz der immensen Kosten wäre das Event realisierbar, es ist aber nicht zielführend.
b) Der Vorschlag, auf eine Bergtour zu gehen, ist leicht umsetzbar, die Kosten sind angemessen. Allerdings würden die zwei behinderten Mitarbeiter und die herzkranke Abteilungsleiterin nicht mitgehen können. Sie würden sich von vornherein ausgeschlossen fühlen. Auch die Umsetzung dieses Vorschlags hätte nicht den gewünschten Effekt.
c) Dieser Vorschlag ist leicht machbar, wird aber als teambildende Maßnahme sicher nicht ausreichen.
d) Die Unternehmensleitung wird diesem Vorschlag niemals zustimmen. Zum einen sieht die Personalplanung einen gravierenden Mitarbeiterabbau noch in diesem Jahr vor, zum anderen würde diese Ankündigung den Aktienkurs und das Image bei den Anlegern auf Talfahrt schicken.

Es konnte keine brauchbare Lösung erarbeitet werden und das Team entschließt sich zu weiteren Durchgängen.

Übung

Bearbeiten Sie das oben dargestellte Beispiel auf der Basis der aufgeführten Ergebnisse mit der Walt-Disney-Methode weiter.

TIPP

Sollte Ihnen das Gestalten der Denkräume zu aufwendig sein, nehmen Sie einfach drei Stühle, die Sie mit entsprechenden Schildern versehen.

4.3 TRIZ

Auf einen Blick

Besonders geeignet für: Neuentwicklung oder Verbesserung von (technischen) Produkten
Teilnehmerzahl: unbegrenzt
Zeitaufwand: ein Monat bis mehrere Jahre, laufender Einsatz ist ebenfalls denkbar
Nötige Hilfsmittel: internetfähige Computer, Infrastruktur eines ganzen Arbeitsplatzes
Besonderheiten: komplexe Vorgehensweise zur Produktentwicklung, die immer noch weiter verfeinert wird; geeignet zur Unternehmensführung

Wie schon aus dem Text im Kasten oben zu erkennen ist, handelt sich bei TRIZ nicht um eine Technik, die man in einer eigens dafür einberufenen Kreativsitzung anwendet. Es handelt sich vielmehr um ein komplexes Verfahren, das sich als Arbeitsprinzip durch das ganze Unternehmen, mindestens jedoch durch die ganze Entwicklungsabteilung zieht.
TRIZ ist die Abkürzung der russischen Bezeichnung des Verfahrens, die übersetzt „Theorie des erfinderischen Problemlösens" heißt. 1946 begann die Entwicklung des Verfahrens, und immer noch wird dieses von verschiedenen Forschern weltweit weiter verfeinert.

Der russische Wissenschaftler Genrich Soulovich Altschuller (1926–1998) war als Patentoffizier bei der russischen Marine eingesetzt. Dort war es seine Aufgabe, den Entwicklern beim Verfassen ihrer Patentschriften zu helfen. In dieser Zeit fing er an, systematisch Tausende von Patenten zu analysieren. Dabei fiel ihm auf, dass auch die unterschiedlichsten Erfindungen immer wieder auf ähnliche oder gar identische Lösungsprinzipien zurückzuführen sind. Altschuller begann, an einem systematischen Prozess zum Generieren von Produktinnovationen und -weiterentwicklungen zu arbeiten. Diese Forschung unterbrach er auch während seiner Inhaftierung durch Stalin nicht. Umgehend nach seiner Freilassung veröffentlichte er die ersten Schriften zu TRIZ. Nach dem Zusammenbruch der Sowjetunion forschten russische Wissenschaftler in den USA weiter an TRIZ und auch heute noch sind weltweit Forscher mit der Verfeinerung und Weiterentwicklung des Verfahrens beschäftigt. Die Methode TRIZ ist mittlerweile fein verästelt und Bücher füllend, daher wird an dieser Stelle ein Überblick über das Verfahren gegeben. Kommen Sie nach der Lektüre zu der Erkenntnis, dass sich TRIZ für Ihr Unternehmen oder Ihr Entwicklungsvorhaben eignen könnte, sollten Sie sich anhand eines Buchs oder eines Seminars die Methode im Detail aneignen.

Die vier Kernelemente von TRIZ

TRIZ setzt sich aus einer Vielzahl von Werkzeugen und Methoden zusammen, die für jede Problemsituation die Erarbeitung kreativer und effektiver Lösungen ermöglichen. Diese werden in die vier Kernbereiche eingeteilt:

- Systematik
- Wissen
- Analogien
- Vision

Systematik
Man beginnt das Verfahren mit einer systematischen und detaillierten Problemanalyse und Zieldefinition. Die wichtigsten Werkzeuge in diesem Kernbereich sind:

Innovations-Checkliste: Mithilfe dieser Checkliste kann der Kreativarbeiter alle Informationen über die zu verbessernde Sache, die zur Verfügung stehenden Ressourcen und das bereits vorhandene Wissen systematisch erfassen und dokumentieren.

Problemformulierung: In diesem Schritt werden mithilfe eines Ishikawa-Diagramms (siehe Kapitel 3.5) die wichtigsten Problemtreiber dargestellt.

Idealvorstellung: Stellen Sie sich jetzt die Idealsituation vor. Wie sieht die perfekte Maschine aus? Wie wäre der Ablauf ideal? Was würde die Idealsituation kennzeichnen? Aus dieser Erkenntnis lässt sich nun die Zieldefinition klar formulieren.

Ressourcenanalyse: Welche Materialien stehen bereits zur Verfügung, welche davon sind direkt einsetzbar, welche müssen vor ihrem Einsatz noch verändert werden? Neben diesen stofflichen sind auch die räumlichen und denkerischen Ressourcen sowie die einsetzbare Energie zu analysieren und zu dokumentieren.

Operator MZK: MZK steht für Material – Zeit – Geld. In diesem Schritt werden mit intuitiven Kreativitätstechniken (siehe Kapitel 2) Antworten auf die unten genannten Fragen erarbeitet.

- Wie würden wir das Problem lösen, wenn unendlich viel Material zur Verfügung stünde?
- Wie würden wir das Problem lösen, wenn gar kein Material zur Verfügung stünde?
- Welche Lösung würden wir erarbeiten, wenn wir unendlich lange Zeit hätten?
- Welche Lösung ließe sich erarbeiten, wenn die Lösung sofort einsatzbereit sein müsste?
- Was wäre unsere bevorzugte Lösung, wenn wir unendlich viel Geld zur Verfügung hätten?
- Was wäre unsere bevorzugte Lösung, wenn wir gar kein Geld zur Verfügung hätten?

Antizipierende Fehlererkennung: Um im weiteren Verlauf Fehlentwicklungen zu vermeiden, sind die Kreativarbeiter aufgefordert, sich mögliche Fehler auszudenken. Dies kann beispielsweise mit der Flip-Flop-Technik (siehe Kapitel 2.8) erfolgen.

Wissen
Unter der großen Überschrift „Wissen" sind alle Werkzeuge zusammengefasst, mit deren Hilfe der Forscher das zusammentragen kann, was es an Erkenntnissen zu dem von ihm bearbeiteten Thema bereits gibt. Man beschäftigt sich in diesem Kernbereich des TRIZ mit:

- Recherchemöglichkeiten im Internet und in Datenbanken, besonders in Patentdatenbanken,
- dem eigenen Wissen darüber was die angestrebte Lösung bewirken wird (im Unternehmen, für den Kunden, im Öko-System etc.) und
- dem *Effekte-Lexikon*, das fundierte Kenntnisse aus Mechanik, Physik, Thermodynamik und Chemie bereithält.

Analogien
Unter Analogien sind die Werkzeuge zusammengefasst, die die grundsätzlichen Elemente und Parameter auf ihre Abhängigkeiten untereinander hin untersuchen, sowie die Tools, die das systematische Finden von Innovationen unterstützen.
Widerspruchsmatrix: Die Widerspruchsmatrix ist eines der zentralen Elemente des TRIZ überhaupt. Altschuller hat 39 technische Parameter definiert sowie 40 innovative Verfahrensprinzipien aus seinen Patentschriften herausgefiltert, die sich gegenseitig beeinflussen können. In der Widerspruchsmatrix kann dies systematisch analysiert werden. Es könnte beispielsweise sein, dass Sie ein Auto gleichzeitig verbrauchsärmer und leistungsfähiger konstruieren wollen. Dies steht natürlich im Widerspruch zueinander. Die Widerspruchsmatrix hilft, den häufigen Fehler zu vermeiden, dass ein Produkt an einer Stelle verbessert wird, ohne dass an eine damit gekoppelte Verschlechterung an anderer Stelle gedacht wird.
Tipp: Unter www.triz40.com finden Sie eine interaktive Widerspruchsmatrix, mit deren Hilfe Sie Ihre einzelnen Schritte auf Konfliktfreiheit hin überprüfen können.
76 Standardlösungen: Altschuller fand 76 Vorgehensweisen, die immer wieder zu Innovationen und Produktverbesserungen führen. In diesen Standardlösungen offenbart sich der Kern der TRIZ-Methode: konkrete Probleme werden auf eine höhere Abstraktionsstufe gebracht, also verallgemeinert. Für dieses eher

allgemeine Problem lässt sich eine abstrakte Lösung finden. Diese Lösung wird dann auf eine niedrigere Abstraktionsstufe heruntergebrochen, also konkretisiert. Sie finden die 76 Standardlösungen unter www.triz-online.de.

Vision

Produkte immer weiter zu entwickeln und zu verbessern oder gar ganz neu zu erfinden, ist schwierig, daher schlug Altschuller vor, immer Schritt für Schritt vorzugehen. Die Betriebswirtschaftslehre definiert den Lebenszyklus eines Produktes mit den Phasen Entwicklung – Einführung – Reife – Wachstum – Sättigung – Rückgang. Altschuller orientierte sich bei der Betrachtung des Produktlebenszyklus an den Stufen des menschlichen Lebens und nennt die Phasen Schwangerschaft – Geburt – Kindheit – Erwachsensein – Dahinscheiden. Unabhängig davon, welche Betrachtungsweise Sie bevorzugen, wird klar, dass Produktverbesserungen je nach Phase im Lebenszyklus völlig unterschiedlich aussehen müssen.

Anwendbarkeit von TRIZ

Schon aus der überblicksartigen Darstellung von TRIZ wird klar, dass es sich um eine wahre Methodensammlung zum systematischen (Er-)Finden von Innovationen handelt. Das komplexe System TRIZ ist für Unternehmen geeignet, die auf ständige Produktverbesserungen und Produktneuheiten vor allem im technischen Bereich konzentriert und angewiesen sind. Für die Anwendung zur privaten Problembearbeitung oder Kreativarbeit dagegen ist TRIZ zu aufwendig, verästelt und schwierig.
Auch in Unternehmen wird nicht die ganze Vielfalt von Methoden, Werkzeugen und Tools, die TRIZ bietet und von der hier nur ein kleiner Ausschnitt gezeigt werden kann, ständig angewandt. Sind die Mitarbeiter jedoch mit TRIZ vertraut und wird von der Unternehmensleitung TRIZ gefördert, so können sich in der täglichen Arbeit enorme Verbesserungen einstellen. Nicht jeden Tag wird ein neues Produkt erfunden werden, aber die Herausforderungen, denen beispielsweise die Entwicklungsabteilung täglich ausgesetzt ist, können besser gelöst werden, wenn man eine möglichst große Anzahl an Methoden aus dem TRIZ-Werkzeugkasten beherrscht.

Frida Kahlo – Künstlerische Kämpferin

Name: Frida Kahlo
Geburtsdatum: 6. Juli 1907
Todesdatum: 13. Juli 1954
Geburtsort: Mexiko City
Malerin

Das schwere Schicksal der mexikanischen Malerin mit deutschen Wurzeln und ihre Arbeit als Künstlerin stehen in engem Zusammenhang: Als Sechsjährige erkrankt sie an Kinderlähmung und behält eine Gehbehinderung zurück, als 18-Jährige erleidet sie bei einem Busunglück eine so schwere Verletzung, dass sie lange ans Bett gefesselt bleibt – hier beginnt sie erstmals zu malen. Und: Ihre seelischen und körperlichen Qualen drückt sie immer wieder in ihren teils düsteren Bildern aus. Antrieb für Kahlo ist aber immer auch ihre revolutionäre Gesinnung. So verlegt sie ihren Geburtstag auf das Jahr der mexikanischen Revolution, tritt in die kommunistische Partei ein und unterstützt den russischen Revolutionär Leo Trotzki. Verheiratet ist Frida Kahlo – nach der Scheidung sogar ein zweites Mal – mit dem mexikanischen Maler Diego Riviera. Viele ihrer Bewunderer können sich mit Kahlos Bildern identifizieren, weil sie dort neben ihrer Krankheit auch andere schmerzhafte Erfahrungen wie Fehlgeburten und Affären ihres Mannes verarbeitet.

Erfolgsrezept

Frida Kahlo ist die weitaus bekannteste Malerin Mexikos, wahrscheinlich sogar ganz Lateinamerikas. Ihr Selbstbildnis *Roots* erzielte im Mai 2006 einen Versteigerungserlös von 5,6 Millionen US-Dollar und ihr Werk wurde zum nationalen Kulturgut erklärt. Zu Bekanntheit bereits zu Lebzeiten brachte sie es sicherlich auch durch ihr revolutionäres Leben, das auch Alkoholexzesse und zahlreiche Liebesbeziehungen beinhaltet hat. Anerkennung erhielt sie aber hauptsächlich dafür, dass sie den Kampf gegen ihr Schicksal und ihre Krankheit aufgenommen und mit der Öffentlichkeit geteilt hat, aber auch dafür, dass sie sich durch ihre Kleidung und Frisur bewusst zu den damals oft gemiedenen Indios bekannte. Auch heute noch wird jungen Künstlern zur Authentizität geraten – Frida Kahlo war instinktiv authentisch.

4.4 Weitere Kombimethoden

Aus der Vielzahl der intuitiven (siehe Kapitel 2) und diskursiven (siehe Kapitel 3) Kreativitätstechniken können Sie sich letztendlich auch selbst eine Ihnen besonders entsprechende Kombimethode zusammenstellen. Natürlich können Sie auch jeweils nur Elemente aus den Methoden nehmen und neu mixen.

Bei fast allen Kreativitätstechniken kommt der Punkt, an dem die Teilnehmer sich ausgepowert fühlen und weitere Ideen sich nicht recht einstellen wollen. Dann ist es besonders sinnvoll, ganz kurz auf eine Technik aus dem anderen Methodenkreis umzuschwenken. Arbeiteten Sie bisher diskursiv, schlagen Sie nun eine kurze intuitive Phase vor.

Beispiel von diskursiv zu intuitiv: Die Teilnehmer haben in einem ersten Ursache-Wirkungsdiagramm (siehe Kapitel 3.5) dargestellt, wie sie sich die Tatsache erklären, dass jedes Jahr zum Sommerfest des Gartenbauvereins weniger Besucher kommen. Die dargestellten Ursachen bieten aber wenig Raum für echte Verbesserungsideen. Anstatt nun verbissen an der Ishikawa-Technik festzuhalten, könnten Sie einfach die Flip-Flop-Technik (siehe Kapitel 2.8) einführen und kurz zusammentragen, was man tun könnte, um möglichst gar keine Besucher beim Fest zu haben. Dies wird die Runde auflockern und auch neue „Gräten" für das Ursache-Wirkungsdiagramm bringen.

Natürlich lässt sich der Methodenwechsel auch in die andere Richtung sehr gut einsetzen.

Beispiel von intuitiv zu diskursiv: Da das Brainstorming (siehe Kapitel 2.1) die einzige Technik war, die alle Teilnehmer kannten, wurden mit dieser intuitiven Methode Ideen gesammelt, wie sich in einem Biergarten die Schlangen an den Ausschankstellen reduzieren lassen. Die Ideen waren alle sehr fantasievoll (Zapfhähne an jedem Biertisch mit Abrechnungseinheit, es gibt keine Selbstbedienung mehr, jeder Gast nimmt gleich beim Betreten des Biergartens eine Mass mit), aber letztendlich nicht umsetzbar. Dennoch ist zu erkennen, dass die Ideen schon gute Ansätze liefern, die sich mithilfe der progressiven Abstraktion (siehe Kapitel 3.2) dann doch noch systematisch und diskursiv zu echten Lösungen entwickeln lassen.

Nachfolgend wird eine Methode vorgestellt, bei der durch das bewusste Hin- und Herwechseln zwischen diskursiven und intuitiven Phasen der Ideenoutput und das Durchhaltevermögen der Teilnehmer gesteigert wird.

Zukunftswerkstatt

Diese Methode wurde maßgeblich vom Journalisten, Zukunftsforscher und Träger des alternativen Nobelpreises (1986) Robert Jungk (1913–1994) entwickelt. Die Idee dazu entstand, als er einen Sizilianer, der sich aus Protest gegen die Mafia im Hungerstreik befand, interviewen sollte. Er bekam mit, wie der Hungerstreikende die sizilianischen Bauern aufforderte: „Sagt doch endlich, was euch stört und wie ihr euch das ideale Leben hier vorstellt." Jungk entwickelte die Idee zu einer wirkungsvollen Methode weiter, bei der auch Teilnehmer, die bisher keine Erfahrung mit Kreativarbeit hatten, im Zusammenspiel mit einem erfahrenen Moderator gute Ergebnisse erzielen.

Fakten

- Die Zukunftswerkstatt ist geeignet für 15–20 (max. 25) Teilnehmer, die von einem erfahrenen Moderator oder sogar einem Moderatoren-Team geführt werden.
- Die Durchführung dauert zwei bis drei Tage.
- Benötigt wird ein großer Raum ohne feste Bestuhlung, ein Beamer, eine Musikanlage, Wachsmalkreiden, große Bögen Papier, Klebeband und DIN A4-Papier.
- Die Methode eignet sich hervorragend zur Kreativarbeit mit Kindern und Jugendlichen. Auch sehr heterogene Gruppen, die sich aus Menschen mit den unterschiedlichsten Erfahrungs- und Lebenshintergründen zusammensetzen, können gut mit der Zukunftswerkstatt arbeiten.
- Die Zukunftswerkstatt wird häufig von Bürgerinitiativen oder im Zusammenspiel von Behörden und Bürgern eingesetzt. Auch in sozialen Einrichtungen kann sehr gut mit dieser Methode gearbeitet werden.

Vorgehensweise

Die Zukunftswerkstatt wird in fünf Phasen durchgeführt, wobei die Phasen I–IV den eigentlichen Kern der Methode darstellen:

- Phase I – Vorbereitung
- Phase II – Kritik
- Phase III – Utopie und Fantasie
- Phase IV – Verwirklichung
- Phase V – Nachbereitung

Phase I – Vorbereitung: Die Initiatoren der Zukunftswerkstatt erkennen ein zu bearbeitendes Problem oder eine zu verbessernde Situation und definieren diese. Sie stellen dann die Betroffenen zusammen und überlegen, wer Interesse an der Lösung des Problems hat. Damit lassen sich die Teilnehmer eingrenzen. Da es sich bei Betroffenen (zum Beispiel Anwohner einer Straße, die vierspurig ausgebaut werden soll) und Interessenten (zum Beispiel Bauunternehmer, Gemeinderat, Ortsplaner) um größere Gruppen handeln kann, die konträre Ansichten vertreten, ist auf eine ausgewogene Zusammensetzung des Kreativteams zu achten. Insgesamt sollten es maximal 25 Teilnehmer sein, jede Gruppe sollte in etwa gleich stark vertreten sein. Ist die Teilnehmerliste komplett, sind noch Ort und Zeit festzulegen und die benötigten Hilfsmittel zu beschaffen.

Phase II – Kritik: Nun beginnt die eigentliche Kreativarbeit. Zunächst stellen die Teilnehmer dar, warum sie an der Sitzung mitarbeiten, was sie also an der gegebenen Situation stört. Dabei werden die vorgetragenen Kritikpunkte gesammelt und dokumentiert. Das kann beispielsweise mit der Karten-Methode (siehe Kapitel 2.7) erfolgen. Die Moderatoren sollten die Teilnehmer dazu ermutigen, wirklich alle Bedenken und negativen Gefühle zum Thema zu äußern. Wichtig ist es auch, zurückhaltende Menschen aufzufordern, sich zu Wort zu melden, damit ein möglichst vielfältiges Bild der Ist-Situation entsteht.
Sind die Kritikpunkte gesammelt, muss nun entschieden werden, welche Themenkreise daraus konkret bearbeitet werden sollen. Dies kann in einer moderierten Diskussion oder durch Abstimmung geschehen.

Nach dieser Phase, in der hitzige Diskussionen entstehen können, sollte eine Pause gemacht werden.

Phase III – Utopie und Fantasie: Die zur Bearbeitung ausgewählten Kritikpunkte werden zu Beginn dieser Phase in positive Formulierungen umgewandelt. Dies kann beispielsweise passieren, indem Sätze gebildet werden, die mit „Es wäre schön, wenn ..." beginnen. Durch diese positiven Aussagen ergeben sich automatisch die Zielsetzungen der gerade stattfindenden Zukunftswerkstatt.
Auf den zweiten Teil dieser Phase kann man die Teilnehmer mit Entspannungsmusik, einer Fantasiereise oder einer kurzen Entspannungsübung einstimmen (siehe auch Kapitel 1.6). Zusätzlich kann es hilfreich sein, während der Ideenfindung, die jetzt beginnt, mit einem Beamer Bilder von schönen Landschaften, Gewässern oder Pflanzen an die Wand zu projizieren.
Mithilfe von abwechselnd eingesetzten intuitiven und diskursiven Kreativitätstechniken (siehe Kapitel 2 und 3) werden nun Lösungsideen und Verbesserungsvorschläge gesammelt. Für diese ganze Phase gilt, dass die aufkommenden Ideen – mögen sie noch so utopisch oder schwer umsetzbar sein – nicht kritisiert werden. Um die Fantasie anzuregen, können die Teilnehmer in dieser Phase auch Bilder vom Idealzustand malen und an die Wand hängen.
Zum Abschluss dieser Phase werden dann die Lösungsansätze, die vertieft werden sollen, in kleinen Teams nachbearbeitet und verfeinert. Die Ergebnisse dieser Arbeit werden dann vor der Gruppe kurz präsentiert.

Phase IV – Verwirklichung: Nun gilt es, auf den Boden der Tatsachen zurückzukehren. Die gesammelten Ideen und Lösungsansätze werden nüchtern auf ihre Realisierbarkeit und auch Konsensfähigkeit hin überprüft. Das Kreativteam muss sich in dieser entscheidenden Phase darauf einigen, welche Lösungsstrategie weiterverfolgt werden soll. Um diese Entscheidung leichter gemeinsam treffen zu können, hat es sich bewährt, Rollenspiele durchzuführen. Denkbar wäre es, eine Situation vor Gericht spielen zu lassen. Die Anwälte und Gegenanwälte tragen ihre Argumente und Plädoyers vor und die übrigen Teilnehmer fungieren als Geschworene.

Nachdem die Lösungsideen, die konkretisiert und weiterverfolgt werden sollen, festgelegt sind, ist es wichtig, gleich zu vereinbaren, wer sich um die weitere Umsetzung kümmert. So können für einzelne Lösungsideen sogenannte Ideenpatenschaften vergeben werden. Die Ideenpaten verfolgen jeweils einen Lösungsweg weiter.

Phase V – Nachbereitung: Zu einem bereits während der Zukunftswerkstatt vereinbarten Termin berichten die Ideenpaten über den Stand der Dinge, das Team stimmt sich über die weiteren Schritte ab und vereinbart, ob in nächster Zeit eine neuerliche Zukunftswerkstatt zum bearbeiteten Problemfeld nötig sein wird.

Nun haben Sie fast 30 Kreativitätstechniken kennengelernt, die Unternehmen und Privatpersonen auf der ganzen Welt anwenden und mit deren Hilfe schon viele Probleme gelöst, Produkte entwickelt und alternative Vorgehensweisen gefunden wurden.

Fangen Sie nun beherzt an, diese Kreativitätstechniken in Ihrem Arbeitsalltag und in Ihrem privaten Umfeld einzusetzen. Sie werden sehen: Es lohnt sich. Hin und wieder werden vielleicht die Ideen ausbleiben oder die gewählte Technik erweist sich als unpassend für das zu bearbeitende Problem. Das macht nichts. Probieren Sie immer wieder eine andere Technik aus und kombinieren Sie die dargestellten Vorgehensweisen mutig miteinander. Dann steht Ihrem eigenen kreativen Feuerwerk nichts mehr im Wege!

Register